经济法视角下的企业社会责任研究

◎ 魏平娟 著

中国纺织出版社有限公司

内 容 提 要

本书从企业社会责任概述入手，分析了企业社会责任的内涵、作用、内容等，为全书的论述奠定了基础。然后分析了企业社会责任思想与理论的溯源与发展、企业社会责任与利益相关者。最后分析了经济法视角下企业社会责任的基础理论以及我国企业社会责任的完善。本书条理清晰，内容丰富，旨在为政策制定者、企业管理者、社会组织工作者、学术研究者提供企业社会责任领域的系统知识，也适合普通读者作为了解企业社会责任知识的入门读物。

图书在版编目（CIP）数据

经济法视角下的企业社会责任研究 / 魏平娟著. -- 北京 : 中国纺织出版社有限公司, 2022.4
ISBN 978-7-5180-9528-5

Ⅰ. ①经… Ⅱ. ①魏… Ⅲ. ①企业责任－研究－中国 Ⅳ. ① F279.23

中国版本图书馆 CIP 数据核字（2022）第 079337 号

责任编辑：王 慧 责任校对：王蕙莹 责任印制：储志伟

中国纺织出版社有限公司出版发行
地址：北京市朝阳区百子湾东里 A407 号楼 邮政编码：100124
销售电话：010—67004422 传真：010—87155801
http://www. c-textilep. com
官方微博 http://weibo. com/2119887771
北京通天印刷有限责任公司印刷 各地新华书店经销
2022 年 4 月第 1 版第 1 次印刷
开本：787×1092 1/16 印张：11.5
字数：207 千字 定价：88.00 元

前　言

企业的社会责任是一个由法学家提出，涉及法学、经济学、管理学、伦理学众多学科的重要命题，也是构建现代企业与社会和谐关系的一种基本思想。企业社会责任概念的表达方式尽管各有不同，但其要旨大都包括：在现代社会中，企业的经营者除了对股东利益负责外，还应该考虑其他非股东利益相关者的利益，企业不应仅仅是谋求股东利益最大化的组织体系和制度安排，同时也负有维护和增进社会公共利益的义务。作为一种建设性的思想，企业社会责任自 20 世纪 20 年代问世以来，风靡不衰，赢得了众多追随者，同时也因为挑战传统而备受责难，时至今日仍争论不断，依然是理论界的热点和焦点。

目前，企业忽视社会责任的严重后果已逐渐显现，一些学者已经认识到这一问题的严重性，他们呼吁国家除在宏观上调整、组织、引导经济的运行外，在微观上也要约束、激励和规范市场主体，尤其是企业的行为，以期实现整个社会经济的高效、协调运行和发展。鉴于以上现象，在当下中国，重新认识企业社会责任的真正内涵、强化企业社会责任意识、倡导企业社会责任已显得非常必要和迫切。

企业社会责任不仅是企业和社会双方的互动，而且是一个涉及国家、企业和社会三方关系的论题。从某种意义上讲，企业社会责任的实现应寄希望于一种正式的制度安排，此种制度安排一方面要以社会公共利益为本位，内蕴社会责任的伦理要求；另一方面要能够为企业提供具体化的、明示的行为规范。只有这样，企业社会责任才不会成为一句空话。这一任务唯有经济法能够完成。经济法作为兼顾协调国家、社会、个人等各方利益，以社会责任为本位的法律，在倡导和实现企业社会责任方面肩负着不可推卸的历史使命。特别是在实行社会主义市场经济的中国，倡导企业社会责任，从立法和具体制度上进行科学的设计和安排，是经济法贯彻科学发展观和构建和谐社会的题中应有之义。因此，在经济法的视角下研究企业社会责任具有重大的理论意义和实践意义。

企业社会责任的法理基础是一个不容忽视的问题，也是法学界探讨不多的问题。笔者认为，企业社会责任与经济法之间存在着密切联系，二者具有共同的法益追求和一致的价值取向，企业社会责任体现了经济法的基本原则和精神。尽管企业社会责任关系到多方利益，涉及企业组织、劳工、契约、环境等多方法律机制，但是经济法与企业社会责任关系最为密切。经济法是倡导企业社会责任观的法理基础，是研究企业社会责任的状况理论和全新理念，也是实现和落实企业社会责任的主要法律机制和途径。

企业社会责任是一个实践中非常复杂、理论上尚存争议的问题，但企业在追求利润最大化之外应当履行社会责任的理念已经深深根植于人们的思想中。企业履行社会责任受到多方因素的影响，我们应该深入研究企业社会责任的有关问题，借鉴成熟市场经济国家的经验，早日构建出适合中国经济社会发展的企业社会责任法律制度，为企业履行社会责任创造良好的法制环境，为建设社会主义和谐社会做出贡献。

魏平娟
2022 年 1 月

第一章 企业社会责任概述

第一节 企业社会责任的内涵

从20世纪50年代起，企业社会责任（Corporate Social Responsibility，简称CSR）就陆续出现了多种定义。直到目前，理论界对企业社会责任仍没有达成统一定义，至少有超过250种由国际组织制定的定义流行于社会。

从不同的角度出发，各组织和学者对企业社会责任的定义有不同的理解。国际标准化组织（ISO）指出，社会责任是“组织通过透明和道德行为，为其决策和活动对社会和环境的影响而承担的责任”。诺贝尔经济学奖获得者、经济学家米尔顿·弗里德曼（Milton Friedman）于1970年在《纽约时报》上提出了“企业社会责任”的定义：“依照所有者或股东的期望管理企业事务，在遵守社会基本规则，即法律和道德规范的前提下创造尽可能多的利润。”

在社会大众眼里，企业社会责任是指企业除了最大限度地为股东盈利之外，还应当最大限度地增进其他利益相关者的利益，包括员工、消费者、商务伙伴、社区、环境及社会整体等。在笔者看来，随着资本不断扩张，社会矛盾日益激烈，如社会动荡、两极分化、产品质量问题、劳资冲突等，企业社会责任的出现可以有效地缓解这一系列矛盾。

经过一个多世纪的发展，企业社会责任的内涵从一元逐步扩大到多元。在自由资本主义时期，制度的宗旨就是促进经济增长，政府对企业行为不加干预，企业利润增长带来国家经济增长。著名的管理学者德鲁克（P. F. Drucker）认为，牟取利润是企业的社会责任，这个责任是绝对的，是不可放弃的。

在19世纪末期至20世纪中期，企业社会责任的内涵从内部利益的增进扩展到外部利益的维护。尤其是全球化的加速推进，对企业社会责任的内涵变化产生了巨大的影响。到了19世纪30年代，以美国为代表的资本主义发达国家大企业的兴起，导致垄断日益加剧，给资本主义世界的经济结构、社会结构带来了深刻的影响。垄断的危害性、企业活动的外部性所造成的社会问题不断暴露，引起了社会各界的不满。大企业垄断不断加剧的趋势促使了反托拉斯法律体系的建立和政府对竞争秩序的规范，社会各界也对经济和社会发展方式予以反思。在法律的、行政的、经济的及社会的多种因素的约束和影响下，企业的社会责任理念得到推广，其具体内容也不断得到扩展。

表1-1列出了一些学者关于企业社会责任含义的代表性看法。

表1-1　关于企业社会责任含义的代表性看法

代表人物	定义
世界商业可持续发展委员会（Peter Ranard & Maya Forstater）	企业社会责任是指企业行为符合伦理标准，并在促进经济发展的同时尽可能地改善工作环境，提高员工家庭生活质量，促进当地和社会发展
欧洲议会（European Parliament）	企业社会责任不仅意味着符合法律规定，而且要积极改善人力资本、环境和利益相关者的利益
社会责任协会	企业社会责任是指经营活动符合或超出伦理、环境、商业和公共预期的标准
戴维斯（Davis）	企业社会责任是企业采取的那些至少部分超越了其直接经济或技术利益的决策和行动
鲍温（H. Bowen）	企业社会责任是企业具有的以有利于社会整体目标和价值观的原则来拟定政策目标、制定决策和采取行动的义务或职责
安德鲁斯（Andrews）	企业社会责任是指企业对社会福利科学的、长远的关切，这种关切限制个人或企业具有破坏性结果的行为，即使这种行为能够迅速地为企业带来利润。同时，这种关切应使企业为改善人类福利水平做出自己的贡献
鲍尔（Bauer）	企业社会责任是关于企业行为对社会影响的认真考虑
基思·帕维特（Keith Pavit）和罗伯·布罗姆斯朗（Rob Blomslan）	企业社会责任是决策者在考虑自己利益的同时，也有义务采取措施以保护和改善社会福利
约瑟夫·麦奎尔（Joseph McQuail）	企业社会责任是指企业不但承担着经济和法律方面的义务，而且承担着其他社会责任

续表

代表人物	定义
埃德温·埃普斯坦（EdwinM. Epctein）	企业社会责任主要与组织对特别问题的决策结果有关，决策要达成的结果应对利益相关者有益而不是有害。企业社会责任要关注企业行为结果的规范性和正确性
布鲁默（Brummer）	企业社会责任是与企业经济责任、法律责任和道德责任相对应的社会责任
卡罗尔（A. Carroll）	企业社会责任是指某一特定时期社会对组织所寄托的经济、法律、伦理和自由决定（慈善）的期望

全球化的不断加深，导致经济社会发展的各种资源和信息在全球范围内更快地流动，各地区的经济发展方式、法规约束规则、伦理道德、社会文化等方面在碰撞和摩擦中逐步走向趋同化，法规等经济发展硬约束手段的功能逐步退化，伦理道德等经济发展的软约束手段功能得到不断加强，企业承担社会责任显得越来越重要。澳大利亚普林斯顿大学的辛格（Singer）教授在第三届国际企业、经济学和伦理学学会世界大会上发表了题为《一个世界》的开题演讲。他指出，随着世界变得愈益密切相关，伦理就愈益需要超越国界。伦理学并不要求我们服从绝对规则，而是要求我们考虑所有那些受到我们行为影响的人的利益。这里涉及许多与全球化有关的伦理问题，如环境问题、WTO问题、富国对消除全球贫困的义务问题等。他的基本观点是，我们能否顺利地通过全球化时代，取决于我们如何伦理地考虑我们生活在“一个世界”这一观点。企业社会责任作为管理创新的重要内容，在企业追求竞争优势的过程中被不断挖掘和扩大。

全球化促进了跨国公司的快速发展，跨国公司的经营业务逐渐走向全球。在经营业务走向全球的同时，跨国公司也对全球各种生产要素进行了高效整合，而在更有效利用这些资源的同时必然会影响这些资源的利益相关者的利益，承担起对这些利益相关者的社会责任是其不可推卸的义务。因此，企业社会责任在跨国公司整合世界资源的同时，对资源的利益相关者的利益保障起到了一定的作用。

第二节 企业社会责任的作用

一、企业承担社会责任的正向作用

（一）宏观方面

1. 企业承担社会责任有利于实现社会的可持续发展，促进社会进步

在古典经济学理论中，利润最大化或股东利益最大化被视为企业的唯一目标。随着实践的深入和认识的深化，越来越多的企业认识到，企业应该努力使利润最大化服从于社会福利最大化，与利益相关者形成共生共赢关系，积极履行社会责任。比如，改善产品和服务品质，提高资源利用效率，注意保护生态环境，为员工提供更好的工作环境和福利，关注社会公益事业等。企业通过重视和加强社会责任工作，最终实现企业和社会的可持续发展，促进社会进步。

2. 企业承担社会责任有利于赢得政府支持

公众对政府在承担社会责任方面的角色期待有时会使政府陷入一种角色冲突之中，而企业的社会参与将会帮助政府摆脱困境，减轻政府来自社会公众方面的压力，如减少失业、减轻通胀压力、治理污染及投资于公益事业等。从这个意义上说，企业履行社会责任有助于解决就业问题。作为奖励，政府可在制定和实施政策时向企业倾斜，政府和企业之间形成良性互动，使企业的经济决策活动更具自由性和灵活性。

3. 企业承担社会责任能够更好地保护劳工利益

企业承担社会责任无疑有助于保护劳工的基本权利。从整个世界的发展来看，企业的经济力量只会越来越强，社会财富越来越向企业集中，单一或少数劳动者根本无法与之对抗。因此，企业往往会为了自身的利益而损害劳动者的利益，向残酷资本家倾斜。在这种情况下，强调企业承担社会责任、完善公司立法、规制公司行为，从外部性压力和内部性动力两个方面保护劳工权益，便显得特别重要。[1]

---

[1] 余敏. 企业社会责任作用机制的模型构建［J］. 会计之友，2010（36）：33-37.

（二）微观方面

1. 提高企业声誉，增强企业的核心竞争力

企业承担社会责任，履行包括经济、法律、道德、环境和社会等方面的责任，首先可以为企业所在地区增加福利；反过来，地区发展也会进一步提高企业的运作能力和企业声誉。在市场经济之下，企业之间的竞争除了客户、产品、人才的竞争外，还包括信誉的竞争。企业的道德责任是企业的无形资产，关系着企业价值的有效提升。现代社会舆论发挥的监督作用很大，企业一旦做出违背诚信原则的行为，就会陷入信誉危机，导致市场萎缩。

有远见的企业必定会非常注重企业信誉，恪守诚信，积极履行社会责任。相反，一些唯利是图的企业有可能不惜牺牲长远利益，逃避社会责任。在图1-1中，S_0是社会期望企业达到的承担社会责任的水平。没有远见的企业只关注社会责任的S_2到S_1区域。在这个区域内，如果积极承担社会责任，成本大于收益；而逃避社会责任则收益大于成本，企业最终选择逃避社会责任。但是有远见的企业会关注整个区域，它们会注意到S_1的右方，在承担社会责任造福社会的同时，获得的收益不断地大于成本。

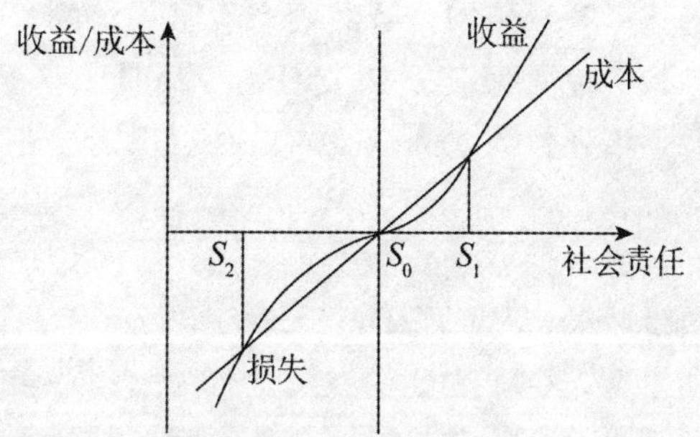

图 1-1　企业履行社会责任收益一成本分析

2. 降低监管力度和市场壁垒，提升企业形象

重视履行社会责任的企业能够在与同类别企业的竞争中占据优势，更容易进入跨国公司的供应链中。假设两个企业竞投一个项目，该项目只能被其中一个企业获得。由于项目超出两个企业的自身投资能力，企业必须通过向银行借款的方式进行投资。这两个企业中，企业 1 积极地承担了社会责任 c，企业 2 则没有积极承担社会责任。假设积极承担社会责任的企业能够在贷款利率方面获得优惠。企业 1 得到的贷款利率为 r_1，企业 2 得到的贷款利率为 r_2，$r_1 < r_2$。项目的回报率对于两个企业都相同，记作 r。项目的投资资本为 I。假设

两个企业此前积累下来的可动用资本为 π，$\pi<I$。所以，企业 1 的投资回报 R_1 为：

$$R_1=(1+r)I-(1+r_1)[I-(\pi-c)]-c \tag{1-1}$$

当投资回报大于 0 时，企业 1 参加竞投。

企业 2 的投资回报 R_2 为：

$$R_2=(1+r)I-(1+r_2)(1-\pi) \tag{1-2}$$

当投资回报大于 0 时，企业 2 参加竞投。

当 $(1+r)I-(1+r_1)[I-(\pi-c)]-c>(1+r)I-(1+r_2)(1-\pi)$ 时，企业 1 赢得竞投，获得正的回报，而企业 2 则没有收益也没有损失。

要满足上述条件，必须

$$(r_2-r_1)(1-\pi)>c(2+r_1) \tag{1-3}$$

可以看出，当银行因为企业 1 承担了社会责任而给予贷款的优惠额度越大，并且投资项目规模越大时，企业 1 越有可能赢得竞投。因为在出现投资项目前，参加竞投的企业并不知道项目规模以及银行给予的优惠额度等方面的确切信息，所以企业是否积极参与社会责任还取决于道德等因素。

3. 提高企业经营绩效

企业承担社会责任尽管对短期经营绩效产生了一定的负面影响，但从长期看可能会产生正面效应。企业承担员工责任、提高员工待遇、改善工作环境，会使员工流失率降低，培训投入大大减少，最终可以为企业节省开支，降低长期成本。明确的社会责任政策，如行为守则可以提高企业对企业责任的认识，对于员工、投资者和消费者都有重要的指示作用。有工作热情的员工会使产品的质量提高、次品数量减少，从而提高生产效率，提升产品质量。

假设一个无限期模型，企业决定在当期是否为承担社会责任支付一定的成本。企业本期的净利润为 π，企业承担社会责任程度与投入 c 成正比。承担社会责任会导致本期利润下降，但会带来其他正面效应。企业每期都只有概率 p 存活到下一期，当企业承担社会责任后，此概率上升；同时企业从下一期开始能够获得更多的利润，下一期获得的新增利润最大，然后按照一个小于 1 的比例 t 递减，即如果下一期获得新增利润 tm，则下下期获得的新增利润减少为 t^2m，并且一直持续下去。假设企业不承担社会责任，每期都获得利润 π。假设贴现率为 $\delta<1$。$p'(c)>0$，$p''(c)<0$，$p(0)=p_0>0$，$m'(c)>0$，$m''(c)<0$，$m(0)=0$。当企业不承担社会责任时，总利润 P_0 为：

$$P_0=\pi+\delta p_0\pi+\delta^2 p_0{}^2\pi+\cdots=\frac{\pi}{1-\delta p_0} \tag{1-4}$$

如果企业承担社会责任，则总利润 P_1 为：

$$P_1 = \pi - c + \delta p(c)\ [\pi + tm(c)] + \delta^2 p^2(c)\ [\pi + t^2 m(c)] + \cdots$$
$$= \frac{\pi}{1 - \delta p(c)} + \frac{m(c)\delta t p(c)}{1 - \delta t p(c)} - c \tag{1-5}$$

注意：这里的新增利润第一次出现就在 m（c）前面乘以 t 是为了化简方便，具体含义不受影响。只要 $p_1 > p_0$，企业就有动机积极承担社会责任，即

$$\frac{\pi}{1 - \delta p(c)} + \frac{m(c)\delta t p(c)}{1 - \delta t p(c)} - c \geqslant \frac{\pi}{1 - \delta p_0} \tag{1-6}$$

因为 p（c）$\geqslant p_0$，所以

$$\frac{\pi}{1 - \delta p(c)} \geqslant \frac{\pi}{1 - \delta p_0} \tag{1-7}$$

所以我们可以考虑一个严格不等式的情况：

$$\frac{m(c)\delta t p(c)}{1 - \delta t p(c)} \geqslant c \tag{1-8}$$

此式成立时，$p_1 > p_0$ 必定成立。当企业承担社会责任带来的新增利润越大［以 m（c）表示］，并且新增利润递减越慢（以 t 表示），企业存活概率上升越大［以 p（c）表示］时，该等式越容易成立。最优的 c 由一阶条件确定：

$$\frac{\pi\delta p'(c)}{[1 - \delta p(c)]^2} + \frac{[m'(c)\delta p(c)t + m(c)\delta p'(c)t]\ [1 - \delta p(c)t] + m(c)\delta^2 t^2 p(c)p'(c)}{[1 - \delta p(c)t]^2} = 1 \tag{1-9}$$

如果最优条件无解，则是边际收益（等式左边）恒大于边际成本（等式右边）的情况，企业会把所有剩余利润用于社会责任活动。但一般情况是一阶条件有解。

企业承担社会责任和企业的经济效益成正相关关系，即企业承担社会责任会促进企业经济效益的提升。对此，斯蒂芬·P. 罗宾斯（Stephen P. Robbins）研究的结论是："承担社会责任的企业趋向于取得更稳固的长期利润，多数研究表明社会参与和经济绩效之间是正相关的。"

福特汽车公司的理想是"让更多的人买得起车，能够享受用车的乐趣；让更多的人就业，得到不错的工资"。正是在这样的社会责任理念指导之下，福特公司雇员的工资曾经高出同行两倍。在市场供不应求的情况下，福特公司竟然削价出售 T 型汽车。最终，福特公司的目标被员工认同，品牌被社会信赖，产品被顾客喜爱，利益得到实现。相反，单纯追求经济利润的企业家只会产生投机心理，注意短期行为，企业不可能持续地得到发展。企业承担社会责任的支出虽然会增加企业的经营成本，但是经过一定阶段的发展，企业会因为之前

的责任投资而获得丰硕的利润回报。

二、企业承担社会责任的负向作用

诚然，从长远来看，企业承担一定的社会责任能够给企业带来丰厚的有形和无形的回报。但是，物极必反，倘若企业承担过多的社会责任，必然会加大企业的运营成本，增加企业的经营风险。对于我国企业而言，由于市场经济取向改革的历程只有短短的数十载，无论是国有企业还是民营企业都处于构建现代企业制度转轨的阵痛中。同时，随着我国外贸依存度的逐年提高，在国际贸易规则向企业社会责任延伸的情况下，对企业社会责任负向作用的研究不容忽视。

（一）社会责任审核或标准认证成为发达国家的市场准入条件

企业社会责任是企业进入国际市场的通行证，是参与国际竞争的筹码。社会责任审核或标准认证成为发达国家的市场准入条件，贸易的“门槛”抬高了。发展中国家在国际贸易中取得的成绩，被发达国家归咎于发展中国家的低劳工标准。虽然目前还没有强制执行企业社会责任的标准认证，但是不少国家从自身利益出发，将企业社会责任全面贯穿于国际贸易中，不再局限于生产过程中的环境保护、劳工权益保护等，而是延伸到采购、供应等环节。于是，发达国家利用社会责任审核或标准认证来遏制发展中国家的经济发展，从而保持自身的竞争优势。

（二）高额的审核和认证（验厂）费用使企业难以承受

审核人员费用的多少往往取决于工厂的大小和工人数量的多少等因素。另外，验厂员的自由裁量权过大，在标准的细节上随意性很大。同时，社会或相关部门对中介机构和跨国公司的验厂行为缺乏有效的监督和管理，审核形式的不断翻新和认证过程的行为失控，导致企业压力太大，不堪重负。在笔者的调查中，几乎没有哪家企业能一次性通过审核。

（三）国际采购商对中国劳动密集型出口企业实行歧视性待遇

中国经济持续十几年的超常规快速发展，引发了西方某些发达国家的妒忌和担忧，从而拼凑出所谓的“中国威胁论”，企图对中国的和平崛起进行全方位的打压。为了达到遏制中国的目的，国际采购商对中国企业的社会责任要求极为苛刻。在其他国家，同样条件的企业可以轻而易举地通过相关的社会责任审验，而对中国的企业可能要经过多次审核的刁难和摆布，动辄就以终止订单相威胁，这种歧视性的贸易措施骤然提高了中国企业的经营成本和风险。

图 1-2 为企业强化社会责任的争论。

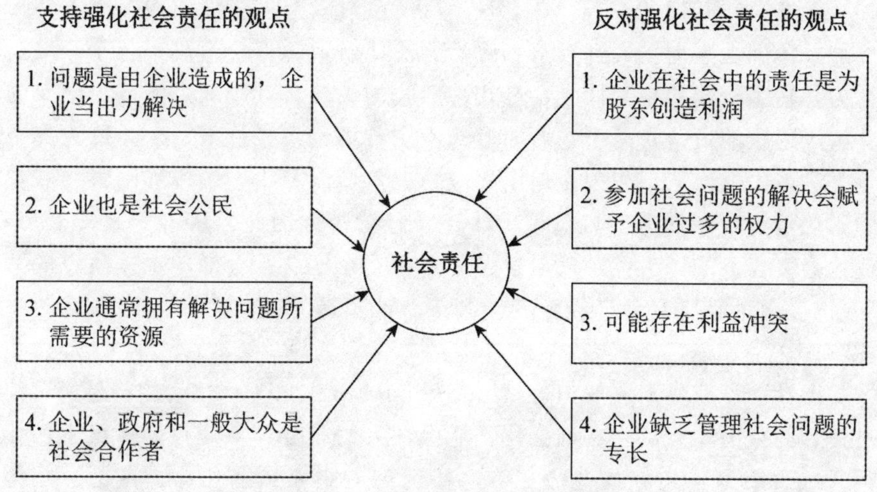

图 1-2　企业强化社会责任的争论

第三节　企业社会责任的相关理论

大量文献显示，尽管企业社会责任从提出到今天，其发展已经经历了近百年，但是，企业社会责任在世界范围内都还是一个新概念，很多与企业社会责任有关的问题仍然存在争议，甚至至今企业社会责任都还没有形成一个固定的、被普遍接受的概念，企业社会责任内涵之丰富、涉及范围之广泛、体系之庞杂，使得还没有哪一个学派肯把企业社会责任问题装进自己的“篮子”里。发端于经济领域的企业社会责任问题已经逐渐扩大到了社会、政治、法律、伦理、道德等各个领域。在不同理念的指引下，各个学科都在企业社会责任的研究和实践领域进行着不断的尝试和探索。

一、“硬约束”与“软约束”：社会学、法学、政治学的视角

（一）“失范”的“法律控制”

从社会学的角度来看，当前企业不履行社会责任、侵害劳工权益的问题，

无疑是一种“失范”。“失范”的概念最早被迪尔凯姆（Durkheim）引入社会学领域。失范状态是社会急剧变化的一种后果，世界各国在转型时期都出现过社会失范现象。转型期的中国，“失范”不仅在数量上、规模上和强度上都大幅度增加，范围也逐渐扩大到经济、政治、法律、道德、价值观等各个领域。樊平认为，转型时期的中国社会，有几种形式的失范，其中，个体行为层次的失范、法人层次的失范是两个主要的形式。在市场经济条件下，个体行为失范的母本是法人失范，典型表现是信用领域的三角债以及生产领域和销售领域竞争中的不规范行为，如劳工权益侵害、违法经营等。因此，从这个意义上来看，企业社会责任上的“失范”既包含企业作为一个经济社会活动主体角色的“失范”，也包含企业所有者、经营者、决策者或资源掌控者在企业内部活动中的“失范”。

美国社会学家伊恩·罗伯逊（Lan Robertson）认为，社会控制是通过社会化过程和约束力实行的，在社会化不能保证人们充分遵从规范的情况下，社会必须通过约束力来实施规范。实施这些约束力主要依靠法律、道德、社会舆论、宗教、风俗、艺术等社会控制手段。从社会控制的力度和刚性上来看，法律是一种“硬约束”，是最有效力和最具有强制性的社会控制手段，也最集中地反映和代表控制者的意志和愿望。作为专门化的、覆盖范围极广的社会控制工具，法律有两个任务：一是专门对那些给社会和他人造成侵犯或危害的人实行镇压，二是对那些忽视责任、契约的人实施强制性的措施。法律是一种社会工程，是社会控制的首要工具，其任务在于调整各种相互冲突的利益，进而保证社会利益得以实现，最终达到社会控制的目的。法理学家埃德加·博登海默（Edgar Bodenheimer）也认为，法律是现代社会塑造社会秩序的主要力量，在其《法理学：法哲学与法律方法》中，他指出，“秩序是一种连续性、持续性、稳定性的力量。就人类社会而言，秩序是在某种程度上对生产、生活以及交往中的各种社会关系进行有规则的组织和协调的状态”。霍布斯（T. Hobbes）在其《利维坦》一书中提出了“秩序如何可能”的问题。他主张，必须建立强大的权力支配中心来规范所有社会关系，否则人们将为各自追求自我利益而彼此竞争，并最终导致无可收拾的“一切人对付一切人”的战争与恐怖状态。黑格尔（Hegel）也强调政治法律和国家制度对社会成员的社会责任规范。他认为，国家和社会的限制是实现自由的意识和意志的手段，这种限制表现为法律和道德。因此，法律和道德是与自由伴生的，是对冲动、欲望、放纵和任意的约束。每个人在涉及他人自由的时候，务必限制自己的自由。国家是这种相互限制的一种必要条件，而法律本身就是限制。

纵观历史，我们可以发现法律（包括法规）对企业承担社会责任的重要性。20世纪初，美国几乎没有食品安全与质量的法规，肉类加工行业十分混乱，直到美国农业部颁布相关法令之后，这种混乱局面才逐步得到了遏制和规范。肉类加工行业的职业安全状况也在职业安全和健康管理委员会颁布法令，开始监督企业之后才得以改善。斯迪格利兹（Stiglitz）曾经指出，20世纪80年代至90年代期间，美国政府放松管制给企业创造了一种更加宽松自由的环境，导致企业不负责任的行为骤然增多。例如，储蓄与贷款的危机、安然公司事件、会计造假等公司丑闻等，很大程度上都归咎于金融政策方面的放松管制。❶

我国有学者指出，目前企业对职工不负责任的行为多是“无法可依”造成的。李立清和李燕凌认为，我国缺失企业社会责任的相关法律，主要体现在以下两个方面。

第一，企业社会责任的法律主体地位缺失。例如，《中华人民共和国合伙企业法》以追求“经济效益最大化”为宗旨，并没有具体规范企业应负的社会责任。

第二，法律约束力缺失。企业是否会负责任，不仅仅事关法律制度本身，更关乎法律的制定过程以及法律的监督、执行和实施等问题。

在我国，除了法律缺失的问题之外，还有一个法律虚置的问题。对于这一点，一些学者也指出，我国并不是没有相关法律，而是有些企业不守法。事实上，在我国目前企业社会责任的相关法律领域，就存在法律“软约束”的趋势和现象。全国人大常委会执法检查组曾经对《中华人民共和国劳动法》的执行情况进行过全面检查，结果发现，尽管《中华人民共和国劳动法》在企业对员工的权益保护、工资、健康与安全等社会责任的承担方面有相关规定，但是，已经制定出来的法律都或多或少、或严重或轻微地存在着实施和保障不力的问题。

马怀德认为，我国法律实施主要受到以下因素的影响。

第一，传统法律文化的消极影响与制约。中国传统文化的关键特质在于“伦理和人情压倒法律”（情与法的模糊不清）、“权力大于一切”（缺乏对于法律的信仰）、“义务本位”（缺乏权利的观念）。这些都构成了法律实施的传统障碍。

第二，中国社会关系的复杂性和剧烈变迁。法律所具有的稳定性的优点在社会变迁的情况下可能会引发刚性、保守性与时滞性等弊端，在未及时修改的情况下，实施就会存在困难。

---

❶ 吴红艳. 公司社会责任相关理论问题 [J]. 合作经济与科技，2007（04S）：33-34.

第三，中国现有法律的质量局限性。一方面，部分法律规范还存在着“法律规范的地方化、部门化”；另一方面，部分法规相互矛盾、抵触、冲突；此外，一些法规滞后，有的又不适当地超前，更有的则是为了彰显政绩而采用。

第四，我国司法在保障法律有效实施方面存在着职能缺位、越位、自身公正性差、能力不足等问题。

如果按照弗里德曼（Friedman）对于法律制度的构成分析来看，上述问题可以归结为企业社会责任法律在结构性、实质性和文化性方面的障碍和缺失。总之，在保护劳工权益方面法律基础的缺失、法律本身的局限性和法律实施缺乏刚性的情况下，我国劳工权益保护的问题十分令人担忧。

（二）“失范”的“道德控制”

法律源于道德。法律作为道德资源的精心挑选，它只是“伦理的实体化途径，是道德的操作机制、强化机制和纠错机制”。在现实生活中，法律永远是有限的，法律的边界限制了它对社会公共伦理的约束力。在法律注定失灵的地方，人们的良知、社会习俗、道德习惯，甚至相互间的集体契约等，就担当了协调人们行动的使命。有学者指出，仅仅将伦理道德作为企业社会责任的“基石”是靠不住的；仅仅借助“社会情感”的牵引，让个人放弃私利，成全集体利益，勇于承担社会责任的源泉与动力也是缺乏把握的，因为道德是一种“软约束”。陆学艺认为，道德是一种依靠“良心”进行的内在的制裁手段。“良心”作为一种内部的绝对自我确信，是不受特殊性的目的束缚的。

鉴于道德在面对市场机会主义和企业逐利本性时的脆弱以及法律在实施过程中的失灵，有学者指出，既不能仅仅指望通过社会呼吁、舆论宣传或者指望企业家道德良心发现来激励企业实施社会责任行为，也不能仅仅依靠法律和制度来进行控制，只有内外结合，双管齐下，方有可能营造出适于企业责任行为重建的氛围。正如伊恩·罗伯逊（Lan Robertson）所说，每个社会都必须有社会控制制度，即保证其成员按照被期待、被认可的方式行动的一套方法。有的是同正式机构进行的，有的是通过日常生活中他人的反应来进行的非正式的控制。无论是否被编制成法律，一切规范都要受到维护道德的约束力的支持，即奖励遵守者、惩罚违规者。

二、“正式约束”与“非正式约束”：新制度主义

20 世纪 70 年代中期，制度学派作为最为重要的理论流派在美国社会科学的兴起与变化，一方面表明了经济学界对于“市场失败”和“市场经济本身缺陷”的重新思考；另一方面也反映了经济学界对于用社会学理论解释经济现象

能力方面的认同。从经济学关于交易成本、产权制度等具体经济制度的理论阐释，到组织社会学新制度主义学派合法化机制概念的产生，再到政治学新制度主义学派的“恰当性逻辑”，新制度主义的思想不仅影响了经济学，而且扩展到了社会学、政治学和法学，并成为一种学科研究的范式。

（一）制度的约束：经济学中的新制度主义

美国达特茅斯商学院的坎贝尔（Campbell）等人认为，企业是嵌入在一系列宽泛影响企业社会责任行为的政治与经济制度当中的，而奥利兹（Orlitzky）等学者则进一步指出，应更加注意企业是否具备承担社会责任的制度机制。一个国家的政治制度、文化制度和其他在税收、财政、金融、采购等方面的经济政策和制度安排，都会影响企业社会责任的表现。麦格南（Maignanand）与劳斯顿（Ralston）等人曾经分别对法国、荷兰、英国、美国的 100 家公司主页上关于向公众的企业社会责任承诺进行了研究。结果显示，企业社会责任存在系统性差异，而这种差异受到不同国家特殊的政治、文化和其他制度的影响。比如，不同制度会影响利益相关者对于管理者影响力的调和程度。克劳夫特（Clotlelter）等人对公司慈善行为的研究显示，税法中在慈善捐助对税收减免作用方面的规定，会影响企业的慈善捐助行为。尽管对于这一点仍存在一定程度的争议，但是其启示在于，税法是一个重要的影响公司行为的产权制度。所以说，产权和其他形式政府法规的研究都会影响公司的社会责任行为。坎贝尔（Campbell）教授在《企业为什么会承担社会责任》一文中指出，在经济条件（如企业的财务业绩和竞争程度）与企业社会责任行为之间，制度作为二者的媒介起到了调节作用。他强调五个制度因素会约束企业的社会责任行为：

第一，国家法律法规够强硬，且国家有很好的强制执行能力，尤其是其制定的过程建立在企业、政府及相关利益者的有效磋商与谈判基础之上；

第二，有效的行业自律标准，尤其是建立在可预见的政府干预和行业危机基础之上，并得到国家对行业治理大力支持的情况下；

第三，私人的独立组织，包括非政府组织（NGO）、社会运动组织、媒体的参与与监督；

第四，社会责任行为的舆论制度环境，如商务报道、商业学校中有关商业伦理的课程以及其他管理人员可以参加的伦理教育体系等；

第五，与工会、员工、社区、投资者和其他利益相关者之间的对话机制。

有的学者认为，企业是否有动力实施社会责任行为，是在现有制度框架下权衡后进行的。法律制度、制度演进和经济制度安排对我国企业社会责任造成了影响。此外，很多学者都从所有制形式来分析我国企业承担社会责任的差异。他们认为，改革开放之前“一大二公”的所谓纯公有制结构决定了中国国有企业和集体企业承担了企业社会责任的绝对份额。国有企业在肩负国家责任、社会责任的使命，享受国家各种优惠政策的同时，也承担了许多政策性负担，而这些都是由国有经济制度这一制度安排内生决定的。而在改革开放之后，各种所有制企业承担社会责任是不均衡的，国有企业依然扮演着长期承担社会责任的中坚角色，外资企业基本不承担社会责任义务，计划经济体制中也较少要求在体制外夹缝中成长起来的非国有企业承担社会责任，因此短期经营、投机行为盛行，社会责任行为缺失。

（二）“观念制度”的约束：组织社会学中的新制度主义

格拉科维奇（Galaskiewirz）从观念制度的角度分析了企业的社会责任行为。他指出，规范制度（Normative Institution）或文化制度的存在有助于激励企业的社会责任行为。他在研究中发现，当企业或者其管理人员属于某一致力于慈善捐助的商业或职业协会时，这些企业就更愿意承担慈善责任。其原因在于，协会的成员身份为其成员注入了一种伦理观念，而这种观念可能是企业管理人员在参加“企业道德和企业捐助”的研讨会上获得的，又或者是因为受到其他成员的社会责任行为压力而在其他会员身上习得的。这种成员身份需要其成员的行为具有“恰当性逻辑”，成员通过与其他成员在行为上保持一致，来维持其成员身份。这种“恰当性逻辑”在客观上约束了企业的行为。

三、内部环境约束与外部环境约束：管理学视角

（一）内部环境约束

企业的内部环境也会对企业是否表现出负责任的行为产生影响。

企业经营状况是内部环境中与企业社会责任联系最为紧密的方面。大量文献表明，企业财务业绩表现较弱的企业与企业财务业绩表现较好的企业相比，不太可能表现出企业社会责任行为。而且，财务业绩与其他外界条件如竞争程度、总体经济气候等结合后，企业的社会责任表现也会有所不同。财务业绩表现不佳、经济环境较差、市场竞争激烈，会降低企业表现社会责任行为的可能性；而当市场竞争在一个较为适度的水平时，会提高企业表现社会责任行为的可能性。但是，在几乎没有什么竞争的垄断行业，则会相对较少地表现出企业社会责任行为。我国很多学者也都指出，我国中小企业严峻而现实的生存压力成为中小企业追求经济利益最大化的强大推力，也是造成企业社会责任缺失的主要原因。

有的学者认为，生命周期也会影响社会责任表现。在企业生命周期的不同成长阶段，由于需求不同，其社会责任能力和表现也会有所差异。企业经过初创、成长、成熟、衰退、蜕变几个阶段的演变，在履行社会责任方面也要经历能力有限、能力提升、能力最强、能力大幅下降、企业面临挑战的几个阶段。中小企业在孕育期和求生存期，掌握的资源较少，能力相对较弱。斯蒂芬·罗宾斯（Stephen P. Robbins）认为，企业在不同阶段承担社会责任的范围也不同：从只对股东负责，到开始为雇员负责，再到对具体环境中的利益相关者负责，最后对社会整体负责。

企业内部环境的范围也较广，比如一个企业内部的机制（企业文化、组织结构、领导力、薪酬模式）、有形要素（产品、技术、资金、人员）和无形要素（组织文化、管理制度）、股东董事、职工技能、组织结构、战略计划、管理系统、企业文化等，都会影响企业社会责任表现。

（二）外部环境约束

企业是在一定的环境中从事生产和交换活动的社会单元，其活动受到外部环境的约束。企业社会责任效应与企业所在的环境密不可分。观察企业承担社会责任的内容、范围、程度等问题应当把企业置身在社会的大环境中。对于企业经营者来说，选择和改变企业经营的这些外部环境力量（Force）或结构（Structure）的余地十分有限，因此，这些力量和结构本身对于企业承担社会责任就具有一定的限制和约束，或者说是一种外部约束。

对于外界环境力量，学者们的观点各不相同。作为企业、政府与社会领域的开创者，加州大学洛杉矶分校的企业和社会学、管理学教授乔治·斯坦纳（George A.Stainer）将企业所处的外部环境分成了两个层次：历史力量和当前环境（趋势），主张将企业的当前环境（趋势）放在更大的历史背景下进行考察。他提出，历史力量（包括产业革命、主导意识形态、科学技术、领导者、国家、机会和不公平）是作用于企业当前环境（趋势）之外的更宽泛的影响力，历史力量和当前环境二者共同作用于企业内部环境（所有者、经理、董事会、员工）并制约着企业。当前环境（趋势）主要包括经济环境、技术环境、政府环境、文化环境和自然环境。这五个因素作为企业共同面对的环境（趋势），对企业经营决策活动（包括企业社会责任的决策和选择）都有着重要的影响。比如，GDP 水平、局部市场的竞争会影响企业经营中对于各种成本、员工福利、薪酬等的决策；新技术的出现也可能会改变消费者的生活、价值判断、习惯，甚至左右国家的政治进程，进而波及企业的运作；政治环境和政府的立法对企业活动的干预和限制会提高企业承担对消费者、员工和环境等方面社会责任的程度；文化环境，在文化诸多要素中如价值观、信仰、态度、思想、习惯、行为方式、礼仪上的差异会影响企业对“自由竞争”“私有化”“利润”“社会责任”的看法；自然环境会影响企业的经营决策，一方面自然灾害的出现可能会对企业经营造成影响，另一方面企业经营活动对自然环境的破坏也会导致社会对企业社会责任行为的唤起。美国管理学家哈罗德·孔茨（Harold Kootz）认为，企业环境包括政治和法律、经济、社会、技术和伦理几个方面。他认为，在政治和法律方面，各国在文化、历史渊源和经济状况的差异决定了各国在政治制度、立法基础上的差异，进而导致了对社会责任政策约束的不同；在经济方面，各国的发展水平和经济政策的不同，影响和限制了企业经济活动开展的范围、空间和形式；在技术方面，拥有现代技术实力的企业常常拥有更强大的能力承担社会责任；社会伦理文化的力量包括一个国家或地区的社会组织、社会结构、社会风俗习惯、历史传统、生活方式、教育水平、宗教信仰等，这些力量常常是社会舆论力量产生的直接根源，那些无视社会伦理文化环境而肆意经营的企业常常会遭到所在国的抵制和攻击。

在一些学者眼中，外界环境就好比企业生存的“自然界”，企业在不断地与外界进行物质资源和能量交换，企业是适应环境的产物，承担社会责任如同维持生命运动一样重要，这种外部环境的约束更多受到自身生存需要的约束。把企业作为“生命体”和“有机体”来看待的“企业生态学”“企业仿生学”“企业生命科学”“企业演化理论”等，要么把“空气、土壤和水”比喻成企业生存的经济环境、政治环境和自然环境，要么把“根、茎、叶”比作企业的经济环境、政治环境和社会环境。管理学家彼得·德鲁克（Peter Druck）认为，从整体中减去代表企业的子集，剩下的就是外部环境。我国也有学者把与企业运作发生关系的利益相关者作为企业外部环境中的具体环境来看待，如政府、员工、供应商、消费者、竞争者等。

第四节　企业社会责任内生论

企业社会责任的产生、形成并非某一主体通过非经济手段强加给企业的，而是在市场经济发展过程中供求双方长期合作、博弈的结果，因而是内生于市场经济本身的。发展市场经济有一个逐步走向成熟、完善的过程。在这个过程中，企业一方面作为产品与服务的供给方同需求方——消费者进行博弈，另一方面又作为生产要素的需求方同生产要素的供给方进行博弈。各种形式的合作与博弈推动着市场交易合作的规范化和市场主体行为的规范化。企业社会责任也是从这种长期博弈的市场演化中逐步产生、形成和发展的。

一、市场博弈催生社会责任

在市场经济的语境中，市场主体是构成市场交易活动和交易关系的基本要素，市场交易双方只有遵从共同的市场交易行为规范，符合双方的利益追求，相互间的交易活动才可能发生。如果一方以欺诈、损害他方的行为与对方进行交易，那么，第一次交易可能发生，但绝不会有下一次交易。如果欺诈、损害对方的行为遍及各个交易主体，交易市场必然陷入无法持续的混乱状态。因此，公平交易、兼顾合作双方甚至多方的利益、建立规范的市场交易秩序，是市场经济正常运转的基本前提，也是市场经济的内生性条件。

不过体现公平交易、监管共同利益的市场并非先验的产物，而是在市场主体的长期博弈中逐步形成的。最初，个别市场主体为了与他方达成交易而订立了个别规则。随着交易次数的增多，这些规则逐渐成为交易习惯或惯例，并在其他参与同类交易的市场主体间推广开来，成为共同遵循的规则。随着市场交易范围的拓展、交易种类的增多和交易方式的多样化，一种适用于不同地域、不同种类和不同交易方式的普遍行为规则应运而生。这是市场走向成熟的一个标志。但这时候的市场规则依然具有自发性和非强制性的特点，依赖市场参与者的共同认可和自觉遵守。由于市场信息的不完全性和市场竞争主体的追利性，总有少数参与者试图通过违规行为获取不当利益。这些违规者虽然会受到与其交易一方的谴责并可能得到断绝交易的惩罚，但他们不会因此被完全逐出市场，因为他们可以在市场上重新寻找新的交易对象，欺骗新的交易者。因此，由市场自身对违规者进行惩罚不足以遏制市场违规现象。当违规者从违规中获得的收益大于其因受到谴责而交易减少的损失时，违规行为就会猖獗起来，并可能在众多市场主体中蔓延，最终给市场整体的运行秩序造成重大损害。因此，当市场发育到一定程度时，为了维护市场交易秩序，确保市场稳定运行，社会必须对市场的进出、竞争和交易规则加以规定，通过公共行政权力把交易习惯或惯例转换成具有行政强制性的市场规章制度，以便有效地惩罚甚至驱逐违规者，保护遵纪守法的企业或个人，控制违规现象的滋长与蔓延。最后，国家按照法定程序对那些通过了实践检验的政府规章制度，以法律规范的形式给予确定，使之成为正式的市场制度。这样，由市场主体自发形成、被大多数市场主体认可的行为规范就被纳入了法制化的轨道，具有了社会自觉确立和由法律强制执行的性质。只有到了这个时候，市场主体行为的规范化和法制化才算基本完成。当然，从动态的观点看，市场经济主体的规范化和法制化是一个永远不会完结的过程。

企业社会责任作为市场主体行为和交易规范的内容之一，同样是在交易实践中逐渐形成的。企业对利益相关者承担的社会责任是一个由非自愿承担向自愿承担转换的过程，最终会成为一种共同遵守的行为规范和制度安排。在由计划经济向市场经济转化的转型期，市场经济主体的规范化和法制化尚在建设中，比成熟的市场经济对企业社会责任的需求更加迫切。

二、企业对社会要求的主动应对与被动应对

在市场交易与生存竞争的压力下，企业并非从一开始就能自觉地认识到共同利益存在的客观性和承担社会责任的必然性。他们或者从积极的方面主动应对社会的要求，或者从消极的方面被迫应对社会的要求。

不仅企业生产经营活动会对各种非股东利益相关者产生影响，如破坏生态环境、耗竭资源、损害雇员身心健康等，相反，各种非股东利益相关者对企业生产经营活动和业绩也能够产生重要影响，如雇员偷懒、社区矛盾、消费者抵制、生态恶化等。企业与其利益相关者关系的第一个方面——企业生产经营活动对利益相关者产生负面影响，意味着社会公众将采取各种措施迫使企业尽可能减少这种负面影响，如通过舆论谴责、政府管制、法律强制等手段要求企业保护雇员和消费者的利益，消除或尽可能地减少污染等。企业被迫承担这些义务实际上就是企业在外部力量的推动下承担社会责任。企业与其利益相关者关系的第二个方面——各种非股东利益相关者对企业生产经营活动和业绩可能产生正面影响，则为企业通过改善与利益相关者的关系赢得商业利益提供了潜在可能性，如企业通过承担社会责任（资助社会经济发展、保护生态环境、关注雇员和消费者利益等）赢得竞争优势。显然，企业在这种情况下承担社会责任是商业利益驱动的结果。因此，在弗里曼（Freeman）看来，那些能够对企业生产经营活动产生影响的利益相关者必须受到管理者的密切关注。

（一）内部动力：主动应对

1. 策略性企业公益行为

企业需要将承担社会责任与获得商业利益有机结合起来。20 世纪 80 年代初被称为“里根经济学”的著名“经济复兴计划”的实施导致联邦政府支出，尤其是社会福利支出大幅减少，进一步导致非营利慈善机构资金来源日益萎缩，他们纷纷寄希望于企业提供更多的慈善资金。因此 20 世纪 80 年代以来的美国社会慈善事业面临着一个日益尖锐且难以化解的矛盾：一方面，慈善基金希望企业能够提供更多的慈善资金以弥补政府资助的大幅削减；另一方面，企

业又不得不紧缩支出，任何不利于企业商业利益的支出预算都会招致股东甚至职工的强烈反对。

上述矛盾的日益激化推动了企业慈善行为和社会责任实践模式的根本变革，一种介于自发、自愿和被动、被迫之间的企业慈善行为和社会责任实践模式——主动自觉的企业慈善行为和社会责任实践模式应运而生。主动自觉的企业慈善行为与社会实践模式的核心特征是强调企业公益活动的投资性质，即企业公益实践应该能给企业带来可观的长期经济回报甚至短期收益，企业应该通过行善而获得竞争优势。这种既有益于社会公益又有利于企业商业利益的企业公益行为被统称为策略性企业公益行为，这一“双赢”特征使其逐步发展演变为美欧诸国主导性企业公益行为模式。❶

2. 企业社会责任的声誉效应

一些研究成果显示，企业承担社会责任能够提高企业股票价值，有助于吸引新的投资者和降低遭到公众攻击的风险。弗兰克（Frank）和麦克洛林（Mclaughlin）发现，企业获得环保方面的奖励能够推动企业市场价值的提升，而企业在环境保护方面的负面事件（如原油泄漏等）将对企业市场价值产生消极影响。一项由国际环境调查公司等调查和研究机构在 1999 年针对 23 个国家、25 000名公民的调查显示：60％的被调查者认为他们会基于对企业社会责任的感觉来形成对一家公司的印象。

同时，良好的企业社会责任业绩和企业声誉还有助于消费者形成对企业产品质量的正面评价，对于那些经验性商品（即使用以后才能确定其质量和价值的商品，如食品和服务项目等）尤其如此。由于缺乏其他确定的直观评价指标，消费者常常将有关企业的外界评价，尤其是企业的社会声誉，作为初步评价经验性商品质量和价值的重要指标。因此，从某种意义上说，生产和销售经验性商品的企业常常比生产非经验性商品（可以事先评价其质量和价值的商品）的企业更能够从承担社会责任中获得商业利益。因为承担社会责任能够为这些企业赢得值得信赖的社会声誉，而在消费者看来，这种企业所生产的商品一定是高质量的、值得购买的。

企业声誉具有两个重要特点：一方面，企业声誉是一种难以“获得”和“维持”的企业资源，它的形成需要企业长期一贯的努力，而一个微小的负面事件就能够使企业长期积累起来的声誉毁于一旦；另一方面，企业声誉也是最难以被其他企业复制或模仿的无形资产，良好的企业声誉是企业获得核心竞争优势的重要基础。另外，相关研究表明，不良的企业社会责任业绩不利于企业

❶ 朱爱莉. 企业的战略型慈善活动研究［D］. 南昌：南昌大学，2012.

财务业绩的提升。

3. 直接商业利益

一方面，企业承担更多的雇员社会责任，不仅能够调动雇员工作的积极性，提升雇员士气，而且能够降低缺勤率和雇员流失率。积极性和士气的提高直接带动劳动生产率的提高，而雇员流失率的降低将节约大量雇员招聘和培训费用。实证研究显示，企业社会责任行为对雇员具有重要影响。被公众认为具有强烈社会责任意识的企业越来越能够吸引并留住优秀人才，保持雇员的士气。

另一方面，企业对其他利益相关者承担社会责任，能够间接调动雇员的积极性，提高雇员的自豪感和归属感。

企业承担社会责任产生的内部商业利益还体现在内部资源使用效率的提高上。以企业承担生态环境责任为例，污染防治的实质是减少资源浪费或提高资源的使用效率，减少废弃物意味着更高的资源使用效率，也有助于减少用于处理这些废弃物的雇员和机器设备。污染防治要求企业建立新的生产工艺流程，采取积极主动姿态处理环境保护问题的企业常常需要重新设计生产制造过程和物料输送过程，以减少废弃物和提高运行效率。新的生产与工艺流程一旦建立起来，企业就获得了新的竞争优势。污染防治强调全体职员积极参与，从而有助于企业整体管理水平的提高。同时，良好的环境保护业绩还能够通过节约废物处理费用、行政处罚和监管费用而为企业赢得收益。获得企业社会责任认证（如 ISO14001 环境管理系统认证等）常常是企业进入发达国家市场的重要条件，同时也为企业产品获得高额溢价收益创造了条件。

（二）外部压力：被动应对

多元化社会发展趋势无疑使企业不得不面临大量来自外部利益集团的压力。例如，在 20 世纪 30 年代，美国企业就面临着来自工会和联邦政府日益强大的压力。在这些利益集团的不断推动下，美国通过了一系列法律法规强制企业承担各种社会责任：1963 年到 1974 年，雇员权益保护法形成第二次高潮；20 世纪 60 年代，一系列强调企业承担更多消费者责任的立法得以通过；从 1969 年开始，美国进入 20 世纪 70 年代所谓的“环境十年”，这一时期，美国国会通过了一系列针对企业的环境保护法案。一个重要的事实是，曾经只有个别企业自发自愿为员工无独立收入的家庭提供医疗保健服务，但在 20 世纪 50 年代前后，在工会及其他社会团体的不断推动及政府法规的强制下，所有企业都不得不提供这种医疗保健服务。

企业对环境或各种要素提供者的依赖并非意味着生产要素可以完全独立于

企业而存在，而是以另一种方式依赖企业。这种依赖性突出地体现在企业以一种“团队生产”的方式为要素提供者提供更高的要素生产率。团队生产的缺点在于它的总产出大于它的投入产出之和。团队之所以能够产生，就在于它比单个生产更有效率。因此，正如一个组织依赖另一个组织，两个组织也可以相互依赖。当一个组织的依赖性大于另外一个组织时，权力会变得不平等，形成非对称相互依赖或不公平相互依赖。企业与各种资源提供者的相互依赖关系可以通过利益相关者理论分析框架得到更为具体和明确的说明。企业与各种利益相关者的相互依赖关系如图 1-3 所示。

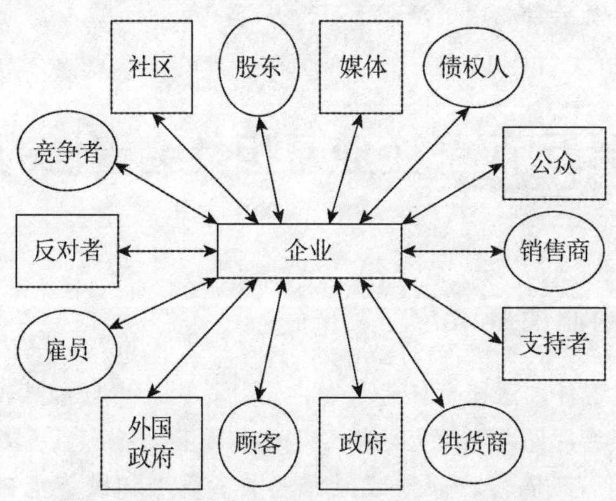

图 1-3　企业与各种利益相关者的相互依赖关系

早期利益相关者理论文献主要强调企业对于利益相关者的依赖关系。斯坦福国际咨询研究所（SRI）首次对利益相关者给出了明确界定。该研究所在其 1963 年的一份内部研讨备忘录中认为：利益相关者是除股东以外的一些团体，没有其支持，组织就不可能生存。显然，SRI 赋予了利益相关者对于组织存续的高度重要性，但忽视了其与组织之间影响的交互性，因而是具有缺陷的“单边性”概念。此后的利益相关者理论文献逐步修正了利益相关者概念的片面性，从而使这一概念能够更全面和准确地反映企业与各种利益相关者的真实关系。雷恩曼（Rhenman）认为，利益相关者不仅依靠企业获益，企业也依靠他们维持生存，该定义具有明显的“双边性”特征。艾尔斯特德（Elsted）等学者不仅强调“双边性”特征，同时还强调利益驱动原则，认为利益相关者与企业为各自利益而相互依赖。利益相关者概念的“双边”特征在弗里曼（Freeman）的经典研究中得到了集大成式的概括，并因此迅速融入主流管理和经济理论中。在其 1984 年的经典著作《战略管理》中，弗里曼将利益相关者定义为“任何能够影响组织目标的实现或受这种目标实现过程影响的团体或个人”。此后，尽管不同学者给出了各不相同的定义，但弗里曼定义的基本精神得到了多数学者的认同。米契尔（Michell）和伍德（Wood）罗列了1963年以来不同学者给出的27种利益相关者定义，其中多数定义具有弗里曼定义的痕迹。如斯威齐（Sweezy）等学者认为，利益相关者是受企业影响，并且有能力影响企业的人；斯塔里克（Starik）认为，利益相关者会受到企业明显或潜在的影响，也可以明显或潜在地影响企业；布瑞纳（Brenner）认为，利益相关者能够影响企业，又能够被企业所影响；等等。日益成熟与规范的利益相关者概念与理论，为其与管理实践的紧密结合奠定了基础。

第五节 企业承担社会责任的内容

一、责任内涵视角

企业的经济责任和法律责任是强制性责任，伦理责任和慈善责任是非强制性责任。其中慈善责任，如给灾区捐款，捐与不捐，捐多或捐少，都应该是企业的自愿行为，不能搞行政命令或摊派，国家危难和民族危机等特殊情况除外。而企业的强制性责任，如果没有履行或履行不好应该受到行政警告或法律惩罚。国家法律的不断完善和市场经济的逐渐规范化事实上是将伦理责任以国家法律的形式转化成强制性责任，也就是企业社会责任中的强制性责任逐步增大，非强制性责任不断缩小，企业社会责任的边界更加清晰、更加确定。这种边界确定性对企业效率的提高有着更好的激励作用。

（一）企业的经济责任

企业的经济责任主要有：为社会提供产品和服务；提供就业机会；促进社会财富增长；提高社会资源利用效率，主要有节约资源、改变经济增长方式、发展循环经济、调整产业结构等。

（二）企业的法律责任

在构建和谐社会的活动中，作为经济组织实体的企业承担着重要的社会责任，不仅要遵循《中华人民共和国劳动法》《中华人民共和国工会法》的规定，构建和谐劳动关系，还必须遵守其他相关的法律，履行社会责任。

人们在改造自然物质时会对自然环境造成损害，给大气、海洋、水资源等带来污染。随着科技的日益发达，更应高度重视对环境的保护。为了加强环境保护，国家除了颁布环境保护方面的基本法——《中华人民共和国环境保护法》外，还颁布了一批与《中华人民共和国环境保护法》配套的单行法，如《中华人民共和国大气污染防治法》《中华人民共和国海洋环境保护法》等。这些法律规范了企业应遵循的保护环境的职责，企业应严格按照这些法律的规定，认真保护环境，为创造良好的生活、生产环境而努力。

（三）企业的慈善责任

企业的慈善责任主要包括以下内容。

①扶贫帮困。帮助工作或者生活上有困难的人，帮助贫困的人脱离贫困、获得受教育和培训的机会并获得独立生存的机会等。

②救死扶伤。为遭遇灾难的人承担部分额外的支出，帮助处于灾难的人解决暂时的困难等。

③安置残疾人。帮助残疾人获得教育或工作的机会及获得面对生活挑战的自信心等。

④赡养孤寡。帮助孤寡群体解决生活上的困难，投资福利院，设立赡养孤寡基金等。

二、所有制视角

（一）国有企业的社会责任

国有企业的性质及其占用了更多的社会资源的特点，决定了国有企业应该承担比民营企业更多的社会责任，除了必须自觉履行强制性社会责任外，还要承担非强制性的社会责任。尤其是中央企业在承担社会责任方面要发挥表率作用，成为国家的经济栋梁和社会企业的榜样。

1. 加强国际交流，扩大国际影响

中远集团 2005 年度的可持续发展报告于 2007 年 1 月被评为联合国全球契约的典范，这是中国企业也是世界航运企业首次入选典范榜。国家电网公司参加了国际标准化组织关于社会责任标准的制定工作，积极争取国际社会责任标准制定的话语权。中国石油集团公司在发布社会责任报告的基础上积极探索发布国别报告，向国际投资者、东道国政府和当地社区等利益相关方公布中国石油在国际化经营中的社会责任战略、规划、措施与贡献。

2. 中央企业应该在承担社会责任方面起表率作用

中央企业规模大，综合实力强，对经济社会发展具有重要而特殊的社会影响力。切实履行好社会责任，对转变发展方式、保护资源和环境、提高发展质量和效益、实现经济社会可持续发展，具有十分重要的示范意义。中央企业有1 000多万职工和400多万离退休人员，分公司和子公司遍布全国各地。中央企业的特殊性质要求其在维护社会稳定与促进社会和谐方面必须主动承担更多的责任，发挥更大、更好的作用，为全国企业做出表率。

（二）私营企业的社会责任

很多私营企业的老板为了追求更高的利润，不惜一切代价降低成本、抬高价格、进行虚假宣传、制假、贩假。在内部用工上，恶意克扣、延长劳动时间、非法用工等。只要有机会，企业主就会选择以次充好、以少换多。

由于资本的逐利本性，靠道德规劝和市场力量无法促使私有企业主动去承担社会责任，他们甚至连基本的经济责任和法律责任都是能躲则躲、能逃则逃。近年来不断报道出来的矿难事故、黑砖窑事件、黑煤窑事件、虐工事件、恶意拖欠民工工资事件等，反映出不受约束或约束软化条件下资本逐利的恶果和危害，同时也反映出中国企业社会责任，特别是私有企业社会责任的现状。因此必须对企业的基本社会责任实行法律化和强制化。

私有企业的基本社会责任就是遵守国家法律、法规，做守法公民，承担起对员工的责任，保护劳工的基本权益，及时发放足额工资，提供安全的生产设备和条件；承担起对消费者的责任，为消费者提供安全健康的产品和服务；承担起对社区和环境的责任，尽可能不对社区环境和居民生活造成负面影响；承担起对供应商和合作者的契约责任，不拖欠货款，不恶意破产等。大型私有企业除承担基本社会责任外，还要自觉承担非强制性社会责任，对中小型私有企业起到示范作用。

（三）跨国公司的社会责任

作为全球化浪潮最重要的推动者和受益者，跨国公司直接参与经济过程，具有重要的地位。相伴而生的是人们对于跨国公司承担相应社会责任的期待。对于跨国公司承担社会责任的原因，可以从以下几个方面来分析。

1. 跨国公司承担社会责任源于东道国的压力

（1）跨国公司社会责任弱化会影响东道国经济发展

跨国企业能够抢占东道国更多、更优良的诸如人力、资本、物质等社会资源，因为它有更大的竞争优势。假设某一东道国的市场大小为 x，产品价格为

p，在跨国公司进入之前，国内企业占有全部市场。国内企业此时的单位生产成本为 c_c，这是在国内企业占有全部的相关人力、物质资源的情况下达到的生产成本。所以，国内企业的利润为：

$$(p-c_c)x>0 \tag{1-10}$$

跨国企业开始进入东道国市场。跨国企业一旦进入，就会抢占部分国内资源 R，而国内企业和跨国企业占有的比例和它们此前取得的利润成正比，国内企业此前的利润为：

$$\pi_{c0}=(p-c_c)x \tag{1-11}$$

跨国企业此前在东道国之外取得的利润为 π_{f0}，假设 $\pi_{f0}>\pi_{c0}$，跨国企业取得总资源中的

$$h_f=\frac{\pi_{f0}}{\pi_{f0}+\pi_{c0}}$$

国内企业取得总资源中的

$$h_c=\frac{\pi_{c0}}{\pi_{f0}+\pi_{c0}}$$

此外，两个企业所取得的市场份额是它们各自取得竞争资源的份额的线性函数。假设每个企业的成本根据占有资源的多少而变化，$c'(h)<0$，$c''(h)>0$，由于跨国企业具有竞争优势，当 h 相同时，$c_f(h)<c_c(h)$。跨国企业进入后，它在东道国所取得的利润为：

$$\pi_{f1}=ph_fx-c_f(h_f)h_fx=[p-c_f(h_f)]h_fx \tag{1-12}$$

而国内企业此时取得的利润为：

$$\pi_{c1}=p(1-h_f)x-c_c(1-h_f)(1-h_f)x=[p-c_c(1-h_f)](1-h_f)x \tag{1-13}$$

毫无疑问，由于生产成本上升并且市场份额缩小，国内企业的利润下降了。在图 1-4 中，国内企业的成本曲线为 c_c，跨国企业的成本曲线为 c_f，跨国企业取得资源份额为 h_f，国内企业取得 $1-h_f$，各自对应的生产成本皆低于价格。但是国内企业的生产成本远远高于跨国企业的生产成本，所以跨国企业在单位产品上已经赚取了比国内企业更多的利润，同时跨国企业还占有了更大的市场份额。如果这里是一个动态模型，即设置多个时期，资源分配持续按照利润比例来进行，最终国内企业的生产成本会不断提高，市场份额会不断缩小，最终会陷入亏损，被迫退出市场。所以，跨国企业在东道国赚取了超额利润，应该通过主动参与社会责任活动的方式返还部分给东道国。

(2) 跨国公司社会责任弱化会影响东道国环境保护

如果跨国企业要生产一种产品，但是该产品在生产过程中所造成的环境污染是其在母国所不允许的，跨国企业只能到其他国家进行生产，否则就只能放

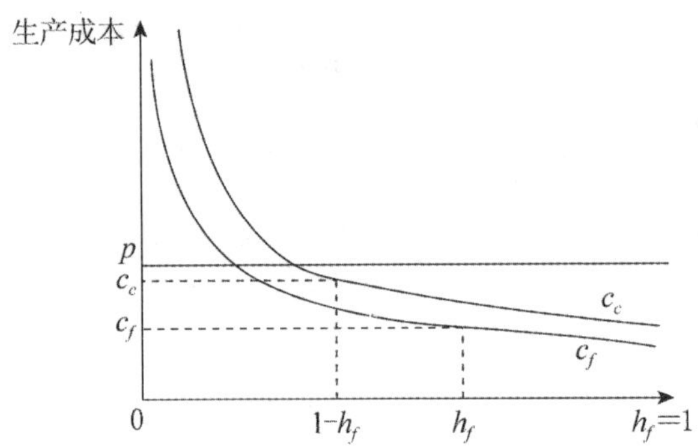

图 1-4　跨国企业对东道国企业的排挤

弃该项目。如果东道国的环境保护标准相对较低，跨国企业可以在东道国进行生产从而获得利润。该产品生产的成本曲线为 TC，收益曲线为 TR，如图 1-5 所示。由于净收益是凹函数，根据边际收益等于边际成本的决策原则，企业决定每期的最优生产量为 Q_0，成本为 A，利润为 B，不难想象，环境受污染程度与企业的生产量成正比。同时，东道国也从该跨国企业的生产中得益。例如，跨国企业在该国雇用了劳动力，所以在成本 A 中大概有 2/3 的部分为东道国的劳动者获得，这也代表跨国企业的投资帮助东道国解决了一定的就业问题。此外，如果企业生产的产品在国内销售，能够满足国内消费者的需求；如果产品出口，则能够提高东道国的出口能力；如果跨国企业不在东道国生产，则非常可能失去这个项目，所以利润 B 成为东道国和跨国企业谈判中讨价还价的筹码。与其在东道国压力下被动地返还部分的利润，跨国企业还不如积极主动地将部分利润通过承担东道国社会责任的形式返还，这样不但可以和东道国政府建立良好关系，还能够在东道国社会中建立良好的企业形象。

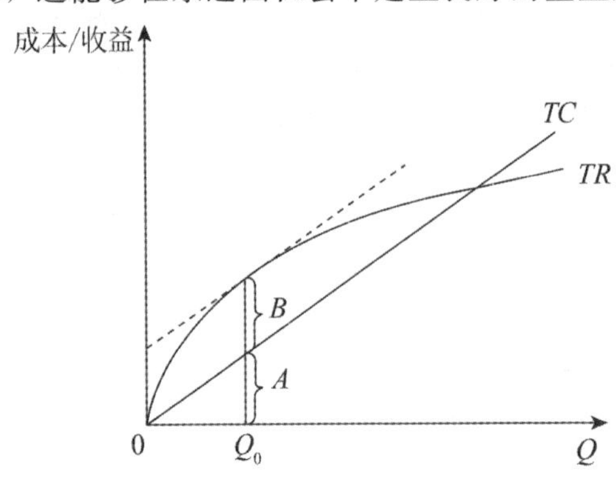

图 1-5　跨国企业向东道国污染转移

2. 跨国公司承担社会责任有利于自身发展

跨国公司是规模巨大的企业，大多属于寡头垄断者，占据行业领袖的有利地位，控制着世界绝大部分的技术资源、物质资源、财务资源和贸易渠道，是全球化主要的推动者和最大的受益者，全球跨国公司生产总值已占西方发达国家总产值的40%。从经济和企业伦理的角度来看，获得了更高收益的跨国公司理应承担更大的社会责任，履行社会责任可看作企业对于占用社会资源获取利润的一种回报。另外，在消费者及其他利益相关者要求的驱使下，企业会为了获取长远利益而被动地承担社会责任。跨国公司承担了社会责任之后，能树立良好的企业形象，得到社会的认同，获得政府的支持，增强企业的竞争力，从而实现良性循环。

跨国公司社会责任的内涵比较清晰，但在外延上，不同时期、不同学派从不同的理论角度出发，会产生不同的观点。跨国公司的社会责任，从广义上讲，应该包括对国际社会、对东道国和对母国的社会责任三个层面；从狭义上来说，跨国公司的社会责任大多是指其对东道国的社会责任。跨国公司积极参与社会公益活动不仅能够帮助发展中国家解决许多社会难题，而且能够树立自身在东道国的良好形象，获得更大的长远收益。跨国公司积极参与环境保护项目，能够帮助东道国更好地治理环境，提高社会福利。

跨国公司之所以成为众矢之的，根本原因在于它长期过分关注自身短期的经济利益，置人们的指责于不顾，其直接结果就是引起发展中国家和发达国家广大消费者越来越强烈的不满，甚至导致人们对其产品采取抵制态度。与其为短期的蝇头小利而激怒民众，进而直接导致产品销售市场的萎缩和长期竞争力的削弱，倒不如主动承担更多的社会责任，从而赢得更多消费者的青睐。

如果跨国公司能够同各供应商开展良好的合作，确定合理的成本分摊比例，就能积极推动企业社会责任相关规定的具体落实。这样不仅有利于大大改善发展中国家企业职工的生产和生活状况，而且对跨国公司的长期发展大有裨益。

3. 跨国公司社会责任弱化影响公平公正

国际范围内的经济利益存在着如何分配的问题，发达国家和发展中国家都极力想获得更多利益。假设当前经济利益分配可能曲线为U_0，横轴表示发展中国家得到的利益，纵轴表示发达国家得到的利益。假设当前发展中国家得到了u_1，发达国家得到了u_2，如图1-6所示。实际上发展中国家应该得到更多利益，这样不但有利于发展中国家发展，还有利于发达国家的长远利益。但是现在发达国家和发展中国家各自为政，力求使得自己得到更多利益，发展中国家希望自己能够得到u_4这么多，而发达国家则希望得到u_3这么多，由于是各自斗争，无论谁达到了目的都会使得现实分配的利益点落到利益可能性曲线以内。双方的斗争使得最后发展中国家实际只得到了 u_6，而发达国家只得到了 u_5，比原来的水平更差。考虑另外一种情况，假设现在发达国家不与发展中国家进行利益争斗，而是合理地满足发展中国家的要求，使得发展中国家顺利拿到 u_4。尽管这会使发达国家在短期内有所损失，但是这种更加均衡的利益分配给予了发展中国家更大的发展支持，增强了全球经济的发展后劲，使得经济利益可能性曲线外移到 U_1，最后发展中国家拿到 u_8，而发达国家获得 u_7，u_7 大于其一开始获得的 u_2。所以，作为发达国家利益引擎的跨国公司到东道国进行经济活动时，积极承担社会责任是利己利人的事情。

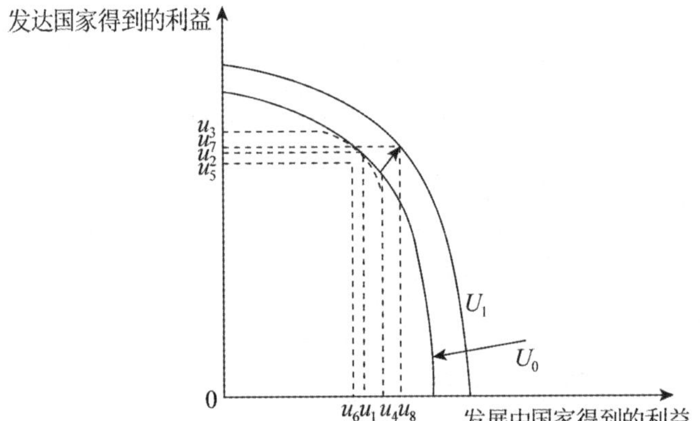

图 1-6　发达国家与发展中国家的利益分配曲线

第二章 企业社会责任思想与理论的溯源与发展

第一节 企业社会责任思想溯源

追本溯源，企业社会责任的思想萌芽在企业产生之前的古代社会和中世纪。蕴涵在商业活动中的商人社会责任是迫于政治压力和教会压力而产生的一种个人行为。近代以后，工业革命催生了各种企业形态，在传统经济主张的影响下，当时的企业目标仅仅定位于追求利润的最大化。不过在企业的实践中，也有一些企业家注入了对社会利益的考虑，如欧文、洛厄尔、斯蒂芬·杰拉德、洛克菲勒等人，但是，这些仍然只是一种出于企业家本人的良好愿望和慈善之心的个人行为。在 19 世纪末之前，企业对于承担社会责任这一方面并没有太多关注，直至 20 世纪以后，随着企业规模的迅速扩张，及其给社会带来影响的不断加深，企业社会责任观才得以正式提出和确立。

一、“重农抑商”——企业社会责任思想的起源

无论是在古代社会还是在中世纪时期，商业都不是社会的主要生产方式，处于主导地位的农业经济影响和制约着商业活动的规模发展，“重农抑商”的思想统治着整个社会。亚里士多德曾经在他的《政治学》一书中这样表述：“以农业致富，是顺乎自然的，是值得称道的；而经商是损人利己的，应该受到社会的指责……过于看重商业，必定引起道德败坏和公民内部的两极分化，引起公民人数的减少，最终给城邦带来危机。”“在一个治理很好的社会……公民不能过着匠人或商人的生活，这样的生活毫无高尚可言，并且有损于人格的

完善。”柏拉图等一些古希腊思想家也都对商业活动态度轻蔑，把工、商都看成是贱业，认为这些活动应该由那些未受过教育、没有政治和经济地位的非公民——奴隶和外邦人来从事。在这样的社会背景下，商人的牟利行为受到了排斥和鄙夷，商人的社会和法律地位也十分低下。为了使商人们的人格变得更加完善、生活更加高尚，古代思想家们强调商人要努力为人类社会服务，不能把逐利当成目的；要以促进公众利益为己任，采取社会性行为，这样财富才有利于社会。由于当时社区精神是在社会中占重要地位的商业伦理思想，人们认为把金钱用于下述场合更应该是正当的，即建筑城墙、船坞、港口、水道以及服务于社会的各项工程。由此可见，古代商人的社会责任活动是迫于社区精神和政治压力而采取的一种社会性行为。

在长达千年的欧洲中世纪，农业生产占据着社会经济活动的绝对主导地位。在商业无法进入主流的状况下，商人群体被社会边缘化。异常强大的教会凌驾于国家之上并渗透至国家的各个领域。商人的牟利行为被认为是违反基督精神的，对利润的单纯追逐受到质疑和限制。商人的灵魂被认为是肮脏的，他们死后灵魂都不得进入天堂，只有通过各种有利于社会改善公共福利的慈善活动，才能提高自身的社会地位，灵魂才能得到净化。在这一时期，教会规定的商人社会责任相当广泛：从诚实守信到公平交易，从照料行会的会员生活到设立失业救济金，从帮助穷人到建立医院和孤儿院等。总之，中世纪商人存在的价值就是提高公共福祉，以至于商人对自身存在的道德价值都产生了怀疑。

到了中古晚期的重商时代，商业活动蓬勃发展，教会统治下的蔑视商业和商人的传统观念受到猛烈冲击。商人的社会角色完全由教会定位的状况在现世主义的盛行下开始动摇。商人的地位也从边缘人群成为中坚力量，人们对于商人的牟利行为和社会责任的观念也都随之改变。

16 世纪前后，人类历史已开始从封建社会向资本主义社会过渡。新航路的开辟、文艺复兴、宗教改革等活动都预示着资本主义时代的到来，它们无一不是商品经济迅速发展的结果。重商主义就是在适应商品经济迅速发展的需要下产生的，它反映了商业资产阶级利益的新经济理论和政策观点。16 世纪末以后，英、法两国出现了不少宣扬重商主义思想的著作。重商主义重视金银货币的积累，认为金银是财富的唯一形式。随着 17～18 世纪英国海外贸易的增长，重商主义逐渐兴盛。重商主义者坚信，对外贸易是国家致富和经济增长的唯一手段，只有通过出口才会为国家带来财富，政府应采取措施保护贸易顺差和出超。

此外，在卡尔文主义的倡导下，商人的地位发生了翻天覆地的转变，商人一跃成为上帝的选民，商人被鄙视的情况得以改善，在中世纪的卑贱地位也得以转变。卡尔文主义既主张商人积累财富，也提倡财富应当用于帮助弱者。他认为，那些为社区提供出色的公共服务的商人能够获得成立公司的特权，拥有独立的法人地位和有限的责任；相反，那些不做慈善贡献的商人就会常常遭受惩罚。在卡尔文主义和信徒们的推动下，商人的地位不仅得到了提高，同时其也被赋予了为国家增加公共财富的神圣使命，商人的社会责任被寄予了厚望并得以强化。

总之，无论是在古代、中世纪还是重商主义时期，无论是处于社区精神、政治或教会的压力下，还是在宗教、信徒和国家给予商人的特殊定位下，社会关注的社会责任焦点始终是商人个人担负的社会责任，在真正意义上的企业还没有成为经济舞台的主角之前，企业的社会责任尚未涉及。但是，现代企业社会责任并不是无源之水、无本之木，从对利益关注的角度来看，该时期商人的社会责任观恰恰是现代企业社会责任的早期反映和体现，这也为后来的管理者承担企业社会责任提供了一定的思想依据。

二、“看不见的手”——企业社会责任的“古典观”

18 世纪 60 年代，机器大生产取代了手工工业。在英国完成第一次工业革命之后，现代意义的企业得到了充分的发展。按照历史学家阿诺德·汤因比（Arnold Tognbee）的说法，18 世纪出生在苏格兰的两个人为英国乃至全世界的工业化提供了动力：一个是提供物质动力的詹姆斯·瓦特（James Watt），另一个是作为精神动力的亚当·斯密（Adan Smith）。关于詹姆斯·瓦特的贡献，很多学者都认为，其发明的蒸汽机为英国的工业革命提供了充足的动力。蒸汽机的发明是适逢其时的，如果再提前几百年，蒸汽机可能就会被当成宫殿里供贵族们娱乐宾客的玩具，而不会与那些走投无路的劳动力相结合，促成工厂的产生，并最终为后来多种企业形态的出现提供物质前提。关于亚当·斯密的贡献，一些学者指出，1776 年亚当·斯密出版的《国民财富的性质和原因的研究》中提到的“经济自由主义”，给英国经济发展提供了足够的精神资粮，它不仅让商人逐利致富的欲望彻底摆脱了宗教和传统观念的束缚并得以充分释放，而且使得商人的社会责任思想被所谓“经济人假设”的理性冲动所取代。

亚当·斯密在《国民财富的性质和原因的研究》中指出：“并不是因为屠夫和面包师的仁慈，才使我们吃到晚餐，而是出于他们对自身利益的关心。我们要说的不是他们的仁慈，而是他们的自爱，而且绝对不要对他们说起我们的必需，而要谈到对他们的好处。这就是企业的法则，无论其大小如何。”他认为，专门从事经济活动的商品生产者和经营者的一切经济行为并非出于伦理动机，而是出于追求一己私利的“经济人”，其经济行为的动力就是追求利润最大化。依据“经济人”的假设，亚当·斯密阐述了他的“看不见的手”的原理：当个体自私地追求个人利益时，他或她好像被一只看不见的手所引导而去实现公众的最佳福利。仅仅通过那只“看不见的手”就可以实现自然秩序并推进社会福利。政府无须对经济进行干预，仅仅需要充当“守夜人”。[1]

亚当·斯密认为，企业作为经济活动的主体，只要从“经济人”的立场出发为股东赚取利润就可以了。利润越大，企业对社会的贡献越大。基于“道德中立”，他假定并要求企业在微观经济活动中只需扮演单一追求“利润最大化”的角色，而将企业行为的消极后果置之度外。乔治·斯坦纳（Geroge A. Stainer）曾在他的《企业、政府与社会》一书中总结了这种对社会责任的看法：“企业如果尽可能高效率地用资源以生产社会需要的产品和服务，并以消费者愿意支付的价格销售给他们，企业就尽到了自己的社会责任。企业唯一的任务就是在法律许可的范围内，在经营中追求利润最大化。如果做到了这一点，它就实现了企业的社会责任。”

事实上，亚当·斯密的理论在经历了两个多世纪的实践后，已经显现出了其局限性。市场并不总是最有效率的，也存在“市场不灵”的情况，垄断、不完全竞争、负面的外部性等因素都会让市场失灵。企业使用童工、强迫员工劳动、克扣工人工资、忽视员工的健康和生命、任意排放污水、释放有害气体或者出售假冒伪劣商品等违背社会责任的行为都无法通过亚当·斯密的理论来解决。企业社会责任是具有外部性特征的，它不能够完全依靠市场来解决。

虽然在今天看来，亚当·斯密的理论存在问题和缺陷，但他的理论影响持续了近200年，他的“经济自由化”和“利润最大化”观点影响了后来的很多学者。例如，新古典经济学派的代表——主张边际效用主义的马歇尔（Marshall），反对企业承担社会责任的代表人物曼尼（Manne）、弗里德曼（Friedman）、哈耶克（Hayek）等，无不从亚当·斯密的理论中汲取了“营养”。尤其是弗里德曼，这位亚当·斯密的忠实信徒和坚定的自由主义者，无论是在自己的著作中还是言论中，都表达了对亚当·斯密和《国富论》的推崇。他习惯借用亚当·斯密的语言和理论来为自己的主张寻找论据。如1976年，在《国富论》出版200周年之际，弗里德曼曾撰文《亚当·斯密与今天的相关性》来宣扬亚当·斯密这种“天然自由”的思想，认为“与《国富论》问世后100周年的1876年相比，亚当·斯密更加适合今天……他的理论同样适用于‘广泛宣传的企业社会责任’问题，200年前这位伟人的思想同样可以用来否定现代的公司社会责任思想”。弗里德曼的“赚得越多越好”与亚当·斯密的“利润

[1] 惠敏. 关于企业社会责任的古典观和社会经济观［J］. 商场现代化，2006（07S）：71-72.

最大化”的观点如出一辙。亚当·斯密的思想为这位“反对企业社会责任”声音的代表者提供了源泉与素材。

三、欧文的“和谐村”——朴素的企业社会责任观

罗伯特·欧文（Robert Owen）是社会主义运动的先驱和空想社会主义的代表人物。同时，他也是一位企业社会责任方面伟大的思想者和实践者。

1771 年出生于英国北威尔士一个手工业者家庭的罗伯特·欧文，10 岁便离家到伦敦自谋生路，曾经做过学徒和店员。他勤奋好学，即便在工作十分艰苦劳累的情况下也坚持学习，到了 17 岁时，他已经开始经营小工厂。1791 年，20 岁的欧文已经是曼彻斯特一家纺纱厂的经理。童年的痛苦经历以及对工人苦难的耳闻目睹使欧文立志要对社会进行改革，要创建一个没有剥削和压迫、共同劳动、按劳分配、人人平等的美好世界。1800 年 1 月 1 日，欧文正式以公司名义购买下了苏格兰拉纳克镇新拉纳克纺纱厂，之后，他便开始实施对工厂的改革计划。在工厂改革取得成功以后，1824 年，他在美国印第安纳州买了 1 214公顷土地，创办了一个示范区，即“新和谐公社”。但最终由于公社成员思想无法统一，再加上欧文的家长式作风，“和谐村”的试验以失败告终。

尽管欧文的试验没有取得最终的成功，但是，他在企业社会责任方面的思想和行动不仅对其后的一些企业家产生了深远的影响，也为今天如何践行企业社会责任积累了宝贵的经验。

欧文对于企业社会责任的贡献主要体现在以下几个方面。

第一，指出了企业与员工的依存关系。欧文最早探察到了企业与社会的相互依存关系，特别是抓住了企业最重要的内部利益相关者——企业与员工之间的关系。与亚当·斯密把企业看成简单谋取利润的工具，与工人和社会没有关系的“道德中立”思想不同，欧文认为，企业与社会，尤其是企业和工人彼此依赖，劳动者通过出卖劳动换取微薄的收入，而股东们依赖劳动者的知识和劳动不劳而获。一个工作环境恶劣、工人待遇差、劳资关系紧张的企业不会在利润上有太好的表现。工厂和工人之间的劳资关系状况会影响企业的发展。欧文认为员工福利的改善既有利于社会，又会给股东们带来利润，这是企业与员工的双赢。因此，欧文被看成“最早通过工厂立法和管理者善行来缓和工业化对资本主义社会影响的先行者”。

第二，企业社会责任思想的先行者、践行者和传播者。欧文不仅是一个思想的巨匠，同时在企业社会责任行动方面也是一个优秀的执行者。在欧文对工厂进行改革的时期，英国的工业社会已经初具雏形。在一些新出现的工业城市，如英国的曼彻斯特、伯明翰以及苏格兰的格拉斯哥，不仅城市环境杂乱无

章、污染严重，而且工人的工作条件和处境极其恶劣，很多工厂主为了降低成本，大量使用童工和女工代替男工。

欧文接手新拉纳克纺纱厂时，这家工厂是个有 16 年历史的千人大厂。棉纺厂的工人成分十分复杂，有流浪汉、失去土地的农民和破产的手工业者，有当过乞丐的人，还有从孤儿院出来的孤儿。而且，很多人都有酗酒、赌博、偷盗等恶习。童年的经历和对工人苦难的同情，促使欧文在买下新拉纳克厂成为工厂主后，便开始实施他的宏伟实验。他相继采取了一系列改善工人劳动条件和生活条件的措施：禁用 10 岁以下童工；缩短了工人的工作时间，把工人的日劳动工时由 13～14 小时减少到 10.5 小时；提高工人工资，即使工厂因为一时缺乏原料，停工四个月，他也不解雇工人，工资照发；改善工人的工作和生活条件，如修建街道，兴建工人住宅，改进卫生设备，建立公共食堂，设立工厂内部商店，以批发价格买来日用品优惠卖给工人；提高工人福利，如发放抚恤金，设立互助保险，提供医疗服务，为工人子女创办模范小学、幼儿园和托儿所，建立性格陶冶馆等提倡文明生活习惯的机构，等等。经过十几年的努力，工厂面貌发生了巨变，新拉纳克纺纱厂成为一个效益持续增长、工人素质良好的模范工厂。这里没有酗酒和犯罪，也没有人需要救济，工人都在快乐地工作和生活。试验证明，欧文的设想是成功的，不仅工厂的产值提高了一倍，劳资关系也得到了改善，工人生活水平得到了提高。他的试验在整个英国和欧洲都引起了轰动。这是一次伟大的企业社会责任实践，欧文在劳资关系方面的积极探索具有重要的意义。

欧文不仅在自己的工厂中实践着他对企业社会责任的朴素认知，他还极力将他的思想广泛地传播到整个社会，英国、美国、法国和德国等国家都有他的足迹。

第三，发现并检验了企业社会责任与财务绩效的关系。欧文最早发现了企业承担员工福利待遇和权益保护方面的社会责任与企业财务绩效的关系，并进行了实践检验。

欧文发现，工厂的文明程度、住房和生活的幽雅环境以及社区儿童的教育条件，与一个健康和有生产力的社会是密不可分的。在对工厂十多年的实验中，他还告诉企业主们：劳资关系是可以调和的，改善工人的工作和生活条件、提高工人的福利待遇、维护工人的权益与资方的利益并不矛盾。顾全工人的利益不仅仅是在做慈善，工人的待遇和条件在得到提高的同时，资方也同样可以获得利润。

此外，为了让企业主们心甘情愿地改善工人福利，改善劳资关系，欧文曾经对企业在员工改善福利方面进行过计算。他的计算结果在事实上证明了，社会制度使企业主无偿占有了工人创造的财富，尽管企业主们花了些钱去改善工人生活，可这钱原本就是工人应该拿的。

可以看出，欧文的企业社会责任意识和实践，比 20 世纪 60 年代兴起的从经济上论证企业社会责任与企业财务绩效的关系提前了几十年。事实上，我们不难发现，关于企业社会责任争论的核心和焦点，主要都集中在企业社会责任的承担是否会影响企业获得利润这一问题上。因此，无论是学界多次对财务绩效表现的实证检验，还是理论界和实务界把企业社会责任放到公司战略管理的高度来探讨企业社会责任与企业声望、企业社会责任与企业竞争优势的关系，其主旨都是试图从经济角度给企业承担社会责任找到一个合理的理由和说法。

第四，浓厚的人本主义关怀精神。欧文的思想和实践处处体现了他对工人的人本主义关怀精神。欧文改善工人工作生活条件和福利待遇的目的不是提高收益，而是希望工人可以像富人一样，平等幸福地劳动和生活。他力图告诉人们，通过良好的环境和正确的引导，所有人都能弃恶从善。工业的进步应该也可以给所有人带来幸福，而不仅仅只是痛苦、贫穷和苦难。

第五，对美国公司善行的深刻影响。欧文的善举曾对美国工业化历史上的公司善行有过积极的影响。在他的影响下，美国出现了尝试善行的楷模洛厄尔（Lowell）的公司城镇。这次善举的实践者是美国纺织工业和现代公司的鼻祖弗朗西特·卡博特·洛厄尔（Francis Cabot Lowell）。在企业社会责任方面，他继承了欧文理想社会对员工生活福利和工作条件的重视，创建了一套被称为“洛厄尔制度”的员工福利体系。“纺织姑娘”的工资虽低于男性，但企业为其提供非常完善和有吸引力的福利条件，包括支付现金工资，良好的工作条件，提供膳食的宿舍，配备年长的女性照顾这些年轻的女工，提供适合其背景的宗教、社会和文化活动等。虽然，这次在美国工业化历史中最早出现的善举最后仍然以失败而告终，但是，作为美国工业史上最早出现的公司慈善行为的典范，它在加深后人对公司与社区关系、企业业绩与员工福利的关系的认知方面，无疑有着重要的启发意义。

欧文的思想和实践与当今企业社会责任的精神是相吻合的。有学者曾经说过：“一个理论，如果在过去被大多数人看来是幼稚的，也许过若干年后，它会重新发光!”而欧文的思想火花和改革措施即便是在今天，仍然具有宝贵的价值。

第二节 企业社会责任思想与理论的发展脉络

1917年，亨利·福特（Henry Ford）为把T型车的价格降下来，让更多的人可以开上自己的车，他把福特汽车公司几年积累的利润用于扩大工厂规模，为此，他受到了股东们的反对，道吉兄弟（Dodge Brothers）还将他告上了法庭。在密歇根州法庭上，福特这样为自己辩护："商业是一种服务，而不是攫取财富之源。企业为他人服务时，就会不经意地赚到钱。"福特这种把商业作为对社会的一种服务的思想受到了股东们的攻击，而法庭最终判决结果也同意给予道吉兄弟最高分红的权利。

1999年，时隔80年后，亨利·福特的曾孙，威廉姆·克雷·福特（William Clay Ford）接手了公司，并进一步向公司的利益相关者们说明"商业是一种服务"思想的重要性。他说："我们希望找到一种新方法，让顾客满意，给股东超值的回报，让世界都变得更美好。"这次，小福特非但没有被告上法庭，而且获得了公司利益相关者们（包括股东）的大力拥护。

那么，为什么股东们的反应差别会如此之大呢？企业社会责任从一个看似与企业毫不相关的问题发展到今天成为一个广为接受的概念；从20世纪初企业社会责任在投资和商务活动领域几乎被当成一个自相矛盾的笑料，到20世纪90年代世界组织、政府、公司、非政府组织纷纷制定企业社会责任行为指南来约束企业行为；从企业社会责任的概念在全球500强企业年度报告中不到一半的提及率，到现在近90%的企业把社会责任作为企业的重要战略。这期间，企业社会责任思想和理论的发展经过了怎样的曲折变迁与成长发展？本节将对这一问题进行探讨。

一、企业社会责任思想在美国的缘起

现代意义上的企业社会责任最早产生于20世纪前叶的美国，并在之后的几十年中引起了西方资本主义国家理论界和实务界的广泛关注。企业社会责任思想在美国的提出并不是一个偶然，它与当时的社会政治和经济发展状况是密不可分的。

（一）18 世纪至 19 世纪："古典观"和"过度活跃"对企业社会责任的抑制

古典和新古典经济理论一直在影响和引导着美国企业的发展，而且阻碍着对企业目标的设定。18 世纪至 19 世纪，在古典经济理论及其利润最大化原则的指引下，企业以"经济人"的理性冲动，贪婪地攫取利润，这几乎成为那个时代的主导精神。尽管以企业家的慈善捐助为主要形式的企业社会责任行为是存在的，但是企业家们对企业社会责任问题并不热衷。乔治·斯坦纳（Geroge A. Stainer）曾在《企业、政府与社会》一书中很清楚地描述了 18 世纪和 19 世纪企业社会责任思想在美国的状况："19 世纪早期，企业对它们社会责任的关心热情并不很高……也并不是所有的企业领导对慈善和捐助都充满热情。"在阐述造成这一状况的原因时，斯坦纳认为有三个方面：一个是传统经济理论的影响，一个是流行于 19 世纪中叶的社会达尔文主义，另外一个是限制企业管理者如何使用公司资金上的"过度活跃"的法律条款。在企业行动受到"过度活跃"法律条款约束的情况下，企业没有权力去做其特许业务范围以外的事情，否则就被视为"过度活跃"，容易遭受股东的诉讼。标准石油公司就曾因为资助中国的一个医疗学校而遭到股东的诉讼。

因此，传统经济理论、对企业行为的法律限制条款和社会达尔文主义成为制约企业承担社会责任的"三大障碍"。

（二）19 世纪末至 20 世纪初：经济发展促进了企业社会责任的提出

美国的经济在第二次工业革命之后飞速发展。19 世纪末到 20 世纪初，美国经历了其历史上第一次企业合并浪潮。其主要特点是，美国石油、钢铁和铁路等行业，从松散的同业公会的横向联合转向了紧密的横向合并，并形成了产业托拉斯。诸如洛克菲勒标准石油公司合并了 40 家炼油厂商、美国钢铁公司的成立等都是这一时期的产物。可以说，这次美国企业合并浪潮之后，现代大企业已经成为美国经济中有实力和有势力的组织，他们在美国经济中的霸主地位已初露端倪。到了 20 世纪 30 年代以后，美国经济大部分已经控制在大型公司手中，他们在美国社会中扮演着重要角色，经济权力可以与国家权力相提并论，甚至可以与国家平起平坐，他们不仅掌握经济，还支配着美国的政治。随着企业规模的不断扩大，企业给社会创造了巨大的物质财富，但同时也给社会造成了严重的伤害，产生了一系列诸如工人失业率增加、环境污染、贫富差距等社会问题。因此，一些企业开始在"管理者是受托人""管理者是不同利益协调人"和"企业应对社会服务"等几种观点的影响下将企业家个人的慈善活动慢慢地向企业行为转移，并在此基础上催生了对企业社会责任问题的探讨。

我国学者李立清和李燕凌指出，美国经济过快增长，以及在经济高速增长过程中企业社会责任的失范，使得在20世纪20年代至30年代，讨论企业社会责任的热潮成为非常必要也很自然的事。

（三）1916年：企业社会责任思想的发轫

目前，国内外对于谁最早提出企业社会责任理论思想的问题，存在一定的争议，主要有两种观点。

一种是以刘俊海、刘连煜、卢代富等为代表的学者们提倡的说法，那就是英国学者谢尔顿（Shelldon）对企业社会责任的定义。1924年，谢尔顿在其《管理哲学》一书中提出：企业经营者应该具有满足产业内外各种人群需要的责任，并且认为这些责任含有道德因素在内。社区的利益作为一项衡量尺度，远远高于企业自身的利益。目前，国内很多学者都采用这一说法。

另外一种是以国外学者安德里奥夫（Andoriof）和韦多克（Waddock）、国内学者沈洪涛和沈艺峰为代表的观点。他们认为，企业社会责任思想最早是由美国芝加哥大学的克拉克（Clark）在其1916年发表的《改变中的经济责任的基础》一文中提出的，而英国学者谢尔顿是在对美国企业进行考察后提出有关思想的，比克拉克晚了8年。他们认为，克拉克提出了科技和工业的发展是社会和环境方面的责任之源，社会责任中有很大一部分应当是企业社会责任成分，而且超越法律的企业责任不仅仅只是一种理想，在相当程度上已经成为一个事实。进而又提出建立有责任感的经济主要有两种方法：首先，不仅仅要依靠个人对经济活动和社会环境负责，而且要将个人的责任扩大为团体的责任；其次，自由放任的经济是无法实现有责任感的经济的，虽然它表面上没有否定社会责任，但实际在很大程度上是忽视社会责任的。

笔者较为认同第二种说法，即克拉克最早提出的有关企业应当负有社会责任的思想。克拉克的观点在提出之后，并没有引起太大的反响。直到20世纪30年代之后，历史上两次著名的关于企业社会责任的历史论争和20世纪40年代鲍恩（Bowen）正式提出企业社会责任的概念后，企业社会责任的问题才真正被推到了历史的前台。

二、企业社会责任理论的历史论争与发展

关于企业社会责任理论的争论，从其被提出之日起，就一刻没有停息。企业社会责任的思想和理论，始终面临着与古典经济学和新古典经济学思想的抗争与搏击。围绕着企业是否要承担社会责任，或者说承担社会责任是否会影响企业利润获得这一充满争议的核心问题，经济学、管理学、社会学、政治学、

法学、伦理学等各领域的学者们都相继登场，加入了这场旷日持久的世纪论战。在这场众多学者参与的争论中，以 20 世纪的“哈佛论战”和“利益相关者”理论最为著名，可以说是美国企业社会责任理论与实践的两个重要的里程碑。一方面，“哈佛论战”证明了企业应当承担社会责任；另一方面，“利益相关者”理论不但解决了企业社会责任理论同传统经济理论相比的理论弱势局面，而且给企业要为“利益相关者”服务而不仅仅是为股东服务找到了切实的依据。❶

（一）殊途同归与针锋相对：两次著名的论战

20 世纪两次著名的论战分别是 20 世纪 30 年代至 50 年代伯利（Burley）和多德（Dod）关于企业管理者地位和责任的论争，以及 20 世纪 60 年代伯利和曼尼关于现代企业与传统企业在功用上的差别的论争。一次是以双方达成共识而结束，一次是以各持己见而告终。对于这两次著名论战，很多学者都详细地进行过描述，在此仅作简单的回顾。

1. 温和的争论：20 世纪 20～50 年代的伯利和多德

企业社会责任的理论源于美国哥伦比亚大学法学院伯利教授和哈佛大学法学院多德教授以《哈佛法律评论》为阵地展开的论战，因此，这场争论也被称为“哈佛论战”。这一论战发生在 20 世纪二三十年代美国经济危机时期。在这样的历史背景下，学者们开始了对企业性质和功能的质疑与反思。

伯利和多德争论的中心主要是企业管理者权力的问题。1931 年，伯利在发表于《哈佛法学评论》上的《作为信托权力的公司权力》一文中阐述：管理者应当受托于股东，而不是受托于整个公司。管理者应当为股东的利益服务，股东的利益要始终优先于其他利益相关者的利益，管理者的权力过大就会构成对股东利益的威胁，必须对这种权力加以限制。

而多德针对伯利的观点提出了批评，在第二年的《哈佛法学评论》上发表了《公司管理者是谁的受托人》一文，与伯利展开了争论。多德首先明确提出企业是具有社会责任的，他指出，公司作为一个经济组织，在创造利润的同时也有服务社会的功能；管理者不再是股东的代言人，而正在成为机构的受托人。

对于多德的这些观点，伯利很快又做出了回应。伯利说，他并没有反对管理者应当承担更大范围的社会责任，比如债权人、管理者、员工、顾客，只是他认为企业管理者对这些利益群体负担社会责任的时机尚未成熟，在一套清晰

❶ 任文举. 论企业社会责任理论与实践的演变［J］. 商场现代化，2007（10X）：218-220.

合理的对其他人的责任机制建立之前，仍然应该强调管理者对股东的权利。

伯利和多德的讨论持续了近20年，最后以伯利完全赞同多德的观点而结束。总体来看，二者之间的观点并不是绝对的对立，他们都承认企业管理者对股东和其他利益相关人负有责任，分歧主要在于应该优先考虑股东利益还是同时对股东和其他利益相关人负责。尽管双方的争论延续了很长时间，但是双方的讨论是建立在彼此尊重和认同的基础上的，因此，二者的讨论是殊途同归，不像是一场争论，更像是一种应和。

2. 激烈的交锋：20世纪60年代的伯利和曼尼

相对于伯利与多德的争论，伯利和曼尼关于现代企业作用的争论则显得言辞激烈、针锋相对、互不相让。在1954年伯利与多德的讨论结束之后，伯利从一个“管理者具有宽泛受托责任”的反对者，成为企业社会责任的倡导者。哥伦比亚大学教授曼尼在1962年发表的《对现代公司的“更猛烈的批判”》一文中，提出了“坚持自由经济，现代公司不应当承担公司社会责任”的观点，而且他讽刺性地批评了伯利没有能够证明企业管理者可以很好地执行企业财富分配的问题。对此伯利给予了还击和驳斥。伯利认为，在美国，经济受控于大型企业，股东对行使企业控制权“消极怠工”，这让亚当·斯密的古典市场经济理论存在的前提——完全竞争的市场条件失去了根基。企业已经不再是一个单纯的经济组织，应当承担对其他利益相关人的社会责任。虽然某些管理者的权力不受控制，但是反应灵敏的“公共意识”可以对管理者发挥控制的功能，约束管理者的行为。

伯利和曼尼的争论并没有取得一致的意见。但是，这场争论吸引了更多的学者加入。其中，哈佛大学的西奥多·莱维特（Theodore Levitt）、芝加哥学派的弗里德曼和著名的哈耶克都站在曼尼同样的立场上，坚决反对企业承担社会责任。在这几位代表人物中，以弗里德曼的声音最为“响亮”，最具代表性。

（二）批驳者的声音：弗里德曼

作为自由主义思想坚定的捍卫者，弗里德曼是20世纪60年代初企业社会责任思想批判者中最具有代表性和影响力的一位学者。他反复强调：企业社会责任思想根本上是对自由经济的颠覆性学说。在他的《资本主义和自由》一文中，他公开批判企业应承担社会责任的观点，并指出：“在自由经济条件下，企业有且仅有一个社会责任——只要它处在游戏规则中，也就是处在开放、自由和没有欺诈的竞争中，那就要使用资源并从事经营活动以增加利润。”

弗里德曼反对企业承担社会责任有以下两点根据。

①在自由经济制度下，企业应当归股东所有，管理者只能是股东的雇佣者

或代理人。他必须按照股东的意愿来经营企业，为股东创造利润。

②企业管理者无权将企业收益作为慈善进行捐助，这是对股东合法权益的侵犯和财产权利的剥夺。企业如果过多参与社会活动承担社会责任，将导致企业成本增加，而这种成本一方面导致产品价格提高，并最终由消费者承担；另一方面也会造成企业单位产品价格上升，进而造成企业竞争力下降和社会投资的流失。

（三）利益相关者理论的产生及其与企业社会责任理论的结合

企业社会责任理论的产生是早于利益相关者理论的，虽然其发展数十年，但是由于缺乏理论上的指导与支持，实际上仍然处于踌躇不前的状况，存在概念不清、对象不明确等问题。有些人甚至将企业社会责任研究说成“一堆寻找理论的数据”。而企业社会责任理论与利益相关者理论的全面结合是在 20 世纪 90 年代，很多学者为此做出了重要的贡献。伯曼（Bermann）等人借用 KLD 指数作为企业与利益相关者关系的代表变量，通过检验 KLD 指数与企业财务业绩之间的关系，为利益相关者理论提供可实证检验的模型。伍德（Wood）最早将利益相关者理论放入了企业社会责任的研究，克拉克森（Clarkson）则在实证研究上从利益相关者管理的角度衡量了企业社会表现。利益相关者理论的加入，使企业社会责任理论出现了新的变化。

利益相关者理论与企业社会责任研究的结合，终于让学术界长达几十年的关于“企业只为股东负责”还是“为利益相关者负责”的争论告一段落。

三、企业社会责任概念及其演变

（一）20 世纪 50 年代至 60 年代商人的社会责任

霍华德·R. 鲍恩（Howard R. Bowen）是学界公认的最早提出现代企业社会责任概念的学者。很多学者都指出，鲍恩的《商人的社会责任》一书率先尝试对企业和社会的关系进行了理论化的研究。鲍恩立场鲜明，认为虽然企业社会责任不是包治社会疾病的灵丹妙药，但它是应当受到鼓励和支持的发展趋势。他明确提出：企业社会责任是指商人有义务按照有益于社会的目标和价值观去选择政策、决策和采取行动。

（二）20 世纪 80 年代的公司社会表现模型

到了 20 世纪 70 年代末，一些学者认为仍然缺乏可广为接受的理论范式，并尝试让概念更加具体化。从 70 年代末到整个 80 年代，企业社会责任的概念主要围绕着企业社会表现模型来展开。卡罗尔（Carrol）、沃帝克和科克伦（Wartick and Cochran）以及多纳·伍德（Donna Wood）先后通过构建、完善及修订实用性和综合性的模型，来阐释对企业社会责任和企业社会表现的理解。卡罗尔的三维概念模型最为著名，在其理念第一维度中，他将企业社会责任分为了经济责任、法律责任、伦理责任和自愿责任。

（三）20 世纪 90 年代的利益相关者模型

企业社会责任的利益相关者模型主要是由西方管理学家们提出的。在他们看来，企业承担社会责任可以促进企业盈利，企业社会责任也因此被提到了企业管理的战略高度。此外，由于利益相关者模型将行为主体范围缩小，解决了前人企业社会责任理论模型的不可操作的问题，把如何衡量企业承担的社会责任变为了现实要求。因此，对于管理者来说，明确告诉他们对员工、客户和政府等利益相关者的责任，要比仅仅告诉管理者对社会有责任更加重要和有效。

第三节　中国企业社会责任的变迁

进入 21 世纪，经济全球化的趋势越来越明显。随着社会经济的发展，企业对社会的影响力也与日俱增。对于企业而言，承担社会责任不仅仅是为了提升企业的社会形象，也是为了提升企业的长期盈利能力。一些权威机构认为，社会责任感的强弱是决定企业能否在全球化运动中取得成功的决定性因素之一。

随着 20 世纪 60 年代环保主义思想运动的兴起，70 年代大规模社会团体运动的爆发（消费者权益运动、人权运动、绿色和平组织运动等），企业社会责任运动应运而生。在全球范围内倡导改善劳工条件、维护劳工权益的呼声不断高涨的背景下，社会责任运动迅速蔓延为全球性的社会运动。

可以说，当代企业社会责任运动的兴起直接源于消费者运动的压力，而它的迅速发展则是由劳工组织、消费者团体、人权组织、环保组织、绿色和平组织、非政府组织等多重力量互相联系应援、共同推动的结果。迫于内外部的压力，很多跨国企业制定了企业内部生产守则，由此产生了一场广泛的企业生产守则运动。但是这种内部生产守则带有明显的商业动机，最终屈服于企业的商业利益。在多重利益的推动下，企业的自我约束转变为社会约束，即由第三者执行对企业的社会责任认证。

"社会约束"中最有影响的是社会责任国际组织（SAI）于2004年开始在美国和欧洲一些国家强制推行的SA8000标准认证，它涵盖人群、劳工标准、环保三个主要领域。作为全球最具权威的国际标准化组织（International Organization for Standardization，ISO），也受到了社会责任运动的巨大影响。

一、我国企业社会责任的演变

我国企业社会责任的演变与我国企业的成长密切相关，我国企业经历了从计划经济到市场经济的转型，企业形式也经历了从公有制到混合制的改革。随着现代企业制度的建立，企业的角色逐渐明晰，企业社会责任的范围得以确认。我国成功加入WTO以后，我国企业进入国际竞争的领域，企业社会责任的范围进一步延伸，劳工关怀、企业绩效、市场责任等理论逐步进入人们的视野，西方企业社会责任理念更是洗礼了我国的理论界和实务界。

（一）非经济性责任时代

在计划经济时代（1949—1978年），虽然我国有很多大型生产性组织——国有企业，但是企业生产什么、生产多少和怎样生产则完全按照国家计划和行政指令进行，企业没有自主权。所以这时期的企业不是真正意义上的企业，而表现为政府的附属物。这时的企业又叫作工厂，工厂注资人是政府，如何运作完全听从政府指令，工厂只重视年初的预算和年终的决算，工厂的成本和盈利都只是行政含义，这时的工厂对职工是负全责的。

这一阶段，我国企业在一个高度集中、全面封闭的体系内运行，经济责任几乎不被计划经济时代的中国企业所考虑，环境责任等理念在这个年代也很少被提及。

（二）经济性责任时代

改革开放以后，从1978年到1995年，在市场经济条件下，国有企业开始改革，政企分开使国有企业建立了现代企业制度，私营企业、合资企业等蓬勃发展，企业的资本结构逐渐实现了多元化，市场经济环境下的企业充分体验到了竞争的利弊。利润最大化是企业唯一的追求，因为没有利润就没有投资和人才，这时千方百计地降低成本是企业管理的重点和关键。

这一阶段，中国企业处于起步阶段，企业追求的是暂时的生存而不是长期的发展，无论是当时的宏观环境、市场秩序还是企业家素质，都使得企业表现出较强的短期性和脆弱性。这一时期的企业只注重股东责任，忽视甚至逃避政府责任、社会责任和环境责任等。

（三）社会责任整合时代

经过多年的经济体制改革，我国虽然取得了一些成就，比如国内市场经济秩序日趋完善，在国际市场上有较强的竞争力，但是在与国际市场接轨的过程中，我国企业和著名的跨国公司还存在一定差距，开始意识到建设现代企业社会责任的重要性。在这个时期，政府开始积极倡导社会责任。但是由于种种原因，中国企业的社会责任观从这一时期开始产生混乱。“三鹿”事件使得公众开始全面审视中国的企业社会责任发展状况，越来越多违背社会责任的企业行为浮出水面。

近年来，企业纷纷响应政府号召，积极履行企业社会责任的承诺与实践。但从整体上看，还是有少数企业对社会责任的认识和实践不足。总的来说，经过这一阶段的社会责任整合，我国企业将对企业社会责任达成共识，逐渐与国际水平接轨。

二、中国企业履行社会责任状况

（一）中央企业履行社会责任状况

国务院国有资产监督管理委员会在广泛征求企业和社会各方面意见的基础上，于 2008 年 1 月 4 日发布了《关于中央企业履行社会责任的指导意见》，该指导意见对企业社会责任的定义、内容及原则都做出了明确的规定。国家电网公司、中国移动、中石油等一批中央企业分别发布了企业社会责任报告或可持续发展报告，为各种性质的企业做出了榜样。

1. 中央企业要做履行社会责任的表率

中央企业是党中央直属企业，要体现党中央的意志和国家、人民的意愿，理应做企业履行社会责任的表率，这也是由公有制的主体地位和国有经济的主导作用决定的，是党中央、国务院和全国人民殷切期望的。

第一，中央企业是国有经济的骨干和中坚，理所当然地要做履行社会责任的表率。中央企业是国有经济的集中体现，在很大程度上体现了国家的经济意志，从根本上反映了国家的经济面貌。要建设和谐社会，实现中华民族伟大复兴的中国梦，中央企业要率先履行社会责任，为其他国有企业、中外合资企业、民营企业树立榜样。

第二，中央企业大多处于国计民生的重要部门和关键领域，关系到国家的经济安全和人民的基本生活保障，支撑、引导和带动着整个国民经济的运行和发展。

第三，中央企业是我国国际经济舞台上的领军企业，近些年出现了一批实力强、有竞争力的大集团，这是我国进行国际经济对话、交流合作的重要力量。要想在国际经济舞台上与发达国家的优势企业同台竞技、交流对话，就必须履行社会责任，树立负责任的大国大企业的形象。

2. 中央企业履行社会责任实践

第一，为国民经济的快速健康发展做出了积极贡献。近年来，中央企业通过体制创新、技术创新，优化资源配置，转变发展方式，经济效益显著提高，为我国的经济发展做出了贡献，为履行社会责任提供了经济前提。电力企业全面实施“户户通电”工程，电信企业积极开展“村村通”工程，在经济社会的建设和信息化建设中发挥了重要的作用，做出了积极贡献。

第二，努力维护职工的合法权益。中央企业积极推进民主管理，切实维护了职工的合法权益。在安全生产的设备投入、安全生产规章制度、安全生产管理机制方面做了大量工作，一些大企业达到了国际安全生产标准水平。

第三，努力建设资源节约型、环境友好型企业，为维护清风、碧水、蓝天的自然环境做出了贡献。中央企业在节能减排方面为其他企业做出了表率，为维护自然环境做出了切实的贡献。

第四，积极参与社会公益事业，为构建和谐社会做出了贡献。中央企业积极参与扶贫助教、慈善捐赠等一系列公益活动；积极参加抢险救灾，调动了大量人力、财力、物力赶赴抢险救灾一线，在拯救生命、安置灾民、通信通路等方面做出了贡献。

（二）在华外资企业履行社会责任状况

跨国公司作为经济全球化的受益者，也是我国改革开放的受益主体之一，他们从经济利益最大化出发，认识到企业的经济利益与环境、员工和社会的利益有较大的相关性。破坏了环境，伤害了员工和社会的利益也就危及了企业的利益。企业不仅要生产出知名的品牌产品，而且要有较好的社会声誉和较高的社会美誉度，才能赢得客户和消费者的青睐。因此，在华跨国公司积极履行社会责任，主要体现在以下几个方面。

第一，实施内部生产守则。跨国公司制定了内部生产守则，要求跨国公司的整个生产供应链都遵守跨国公司制定的规则，主要涉及劳动保障、工资、童工、非歧视、集会结社等。

第二，开展责任供应链建设，主要有工人培训和研究项目。例如，部分跨国公司在中国珠三角、长三角开展劳工能力培训。研究项目如由中国可持续工商委员会倡议，一些跨国公司积极参与的“1＋3”项目，就是由一家跨国公司牵头，选择一家供应商、一家物流服务商和一家客户，由牵头企业提供指导，共同提高供应链的责任能力和水平，从而提高整个供应链的竞争能力和水平。

第三，发布针对中国运营内容的企业社会责任报告。有相当多的外资企业已将企业社会责任的履行与中国的可持续发展联系起来。

外资企业履行社会责任有两个可喜的变化：一是在供应链的社会责任落实上由检查监督转变为共同建设；二是由以前的公益慈善转变为落实企业社会责任与中国的可持续发展相联系。

（三）中国民营企业履行社会责任状况

我国民营经济经过多年的发展，经历了由小到大、由弱到强的发展过程，如今已成为我国国民经济的一支重要力量。在履行社会责任方面，做出了积极贡献。

第一，供应链的企业社会责任能力得到了提高。在江苏、浙江、广东、福建一带，相当多的民营企业是跨国公司供应链的供货商，这些企业按照跨国公司的企业社会责任标准管理自己的企业，许多民营企业通过了各种形式的社会责任标准认证。

第二，发布企业社会责任报告，将企业社会责任理念融入企业的运营过程中。

虽然民营企业做出了很多努力，也取得了很大成效，但民营企业逃避社会责任的现象仍很普遍，如越轨运作、违规违法、拖欠工资、偷工减料、劳动防护不到位、工作场所安全不达标、欺骗顾客、污染环境等。因而，民营企业履行社会责任还有一段较长的路要走。

（四）海外中资企业履行社会责任状况

自2000年我国开始实施“走出去”发展战略以来，企业的海外投资呈快速增长之势。海外中资企业虽然在经济发展上成效显著，但在履行社会责任方面却表现不佳。企业社会责任缺失，招致了许多批评与指责，给中国的国家形象、企业形象都造成了负面影响，是当下中国“走出去”发展战略中必须面对的重要问题。

1. 海外中资企业社会责任缺失状况

一是工资偏低，引发劳资冲突。在聘用搬运、建筑等非技术性人员时，海外中资企业习惯引进中国公民，引起了当地公民的不满。

二是环保投入不够，资源破坏严重。海外中资企业在环境保护方面投入的资金不足，从而遭到了众多指责。

三是安全生产意识不强，导致事故频发。目前大部分海外中资企业从事高危行业，安全生产是这些行业的重中之重，但许多海外中资企业在安全生产上舍不得投入，致使事故频发。

2. 海外中资企业社会责任缺失的原因

第一，企业社会责任意识差。一些海外中资企业社会责任意识淡薄，对环境、社区和员工缺少应有的责任感。

第二，缺少企业社会责任的内部监管。对于社会责任，一些海外中资企业没有建立企业内部的监管机制，出现问题不能及时应对。有些建立了企业社会责任内部监管机制的企业，也处在初级阶段，成效不明显。但凡在国际上企业社会责任叫得响的企业，都有一整套成熟、规范的企业社会责任监管体制，并把这些管理规章与企业的运营有效地结合在一起。

第三，不熟悉东道国的文化，跨国经营经验不足。许多海外中资企业跨国经营经验匮乏，对当地的法规、风俗和文化不甚了解，难免与员工和工会发生矛盾和冲突。

第四，缺少与非政府组织的沟通与合作。海外中资企业缺少与东道国非政府组织的沟通与合作，这就导致了中资企业的一些社会责任项目得不到非政府组织的支持和宣传，无法在东道国产生良好的效果。

第五，不能积极应对企业事故。中国有“家丑不可外扬”的文化传统，这对海外中资企业影响较大，在遇到企业事故时，他们通常采取回避的策略。

第四节　国内外学术界研究对象

理论研究的宗旨是为实践活动提供理论依据。据笔者掌握的相关企业社会责任方面的文献，2002 年以前我国理论界侧重于研究企业社会责任运动推行的实践效果，研究领域也仅局限于经济学、管理学等学科。近年来，随着企业社会责任在全国范围的推进，实践中出现的问题越来越超出经济学和管理学的研究领域，由此涌现出一批从各个学科、各个领域去研究企业社会责任的文章，研究涉及法学、法理学、社会学、伦理学、社会哲学等诸多领域。可以说，近几年对企业社会责任的研究已经走向多元化，趋于综合性，学者们结合自身研究的专长，开始着力进行综合性、系统性的研究，并从定性研究逐步向定量研究转变，使得研究成果越来越具有可操作性。

一、新古典经济学视角下的企业社会责任

毋庸置疑，新古典经济学是当代最主流的经济学流派，然而，新古典主义本身把企业作为一个“黑箱子”，罕有涉及企业内部的问题，也很少直接涉及企业社会责任行为问题。本节之所以将新古典经济学作为企业社会责任行为的理论基础之一，是因为相当一部分新古典经济学家将追求利润作为企业唯一的社会责任，这与新古典经济学的思想与主张是一脉相承的。

（一）新古典经济学的思想与主张

经济学作为一门独立学科的标志是亚当·斯密发表《国民财富的性质和原因的研究》，而后经大卫·李嘉图（David Ricardo）、西斯蒙第（Sismondi）、穆勒（Muller）、萨伊（Say）等人的发展，逐渐形成了一个经典的经济学体系，即古典经济学。20世纪以后，西方经济学先后经历了“张伯伦革命”“凯恩斯革命”“预期革命”三大革命，又形成了一个新的经典经济学体系，这个体系部分沿袭了古典经济学的基本假设并做出了新的突破，被称为新古典经济学。新古典经济学按照思想和主张的不同可以分为新古典微观经济学和新古典宏观经济学，两者共有的基本假设是“经济人”假设，即每个经济主体总是倾向于使其私利在特定的约束条件下实现最大化。

新古典微观经济学以价格分析为主，在马歇尔（Marshall）的均衡价格理论的基础上吸收了张伯伦（Cham berlain）和罗宾逊（Robinson）的垄断竞争理论后逐步建立起来。该学说以微观经济主体——单个家庭、单个厂商以及单个市场为研究对象，研究微观主体如何通过有限的资源获得尽可能多的收获，并考察在什么条件下能够获得这些收获，从而揭示微观经济主体的经济行为。在商品与劳务市场上，单个家庭作为消费者需要在不同的价格之间进行选择，力求找到一种商品与劳务的组合，实现有限收入水平下能达到的最大效用。消费者群体选择商品的最终结果形成了市场的需求水平，从而影响商品的价格。单个厂商是商品和劳务的供给者，生产的目的在于在既定的生产成本下获得最大利润，以消费者选择的结果形成的市场信号为生产指引。厂商的生产决策决定了产生投入资本和劳动力的量，从而影响要素市场的各项价格，最终影响消费者的家庭收入。可见，家庭和厂商的选择结果在市场上表现为供求关系，并表现在价格上。所以，新古典微观经济学研究市场机制及均衡价格的决定，可以通过调节微观个体的行为实现资源最优配置。新古典微观经济学强调以价格机制协调家庭与厂商之间的关系，认为在“看不见的手”的作用下，家庭和厂商在最大化私人利益的同时会实现社会资源的最优配置。新古典微观经济学主

张经济自由，反对政府干预经济运行，认为经济自由是国富民强的根本保证。

新古典宏观经济学是在反思凯恩斯主义的背景下产生的，是20世纪70年代由理性预期学派和货币学派演化出来的经济学流派。新古典宏观经济学继承了古典经济学的弹性价格假设和弹性工资假设，在理性预期的基础上对总需求、总供给、货币经济周期、实际经济周期等凯恩斯主义宏观经济学涉及的问题重新进行了论述。具体来说，新古典宏观经济学一般接受以下四个观点：私人经济是可以自身稳定的；货币在长期内是中性的，即货币供给的增长会导致价格水平的同比例增长，不会影响实际产出水平；货币在短期内也是中性的，即短期菲利普斯曲线也不存在；凯恩斯主义积极干预的经济政策是无效的甚至有害的。整个新古典经济学实际上就是一部自由主义经济学，认为经济自由是经济健康的首要因素，反对政府干预经济。

（二）追求利润是企业唯一的社会责任

通过市场机制可以确定整个社会的需求，企业根据这些信号就能以尽可能高的资源配置效率为社会提供产品和服务。这样一来，企业能以较少的资源满足既定的需求，既为社会节约了资源又创造了就业，即履行了社会责任。受此思想的影响，有相当一部分著名经济学家认为追求利润是企业唯一的社会责任。

弗里德曼在《企业唯一的社会责任是追求利润》中指出："在开放、自由和没有欺诈的竞争中，企业唯一的社会责任就是使用其资源从事经营活动以增加利润。"他认为，除此之外，人们对企业社会责任的诉求都是不经济的，甚至会破坏自由的根基。弗里德曼想表达的似乎是，若将花股东的钱或牺牲为股东赚钱的机会去解决社会问题（诸如抑制通胀、周济难民、减少贫困等）的行为视作企业社会责任行为，虽然满足了人们在道义上的标准，实则牺牲了企业的效率，进而牺牲了整个社会的资源配置效率。

莱维特（Levitt）教授在1958年发表于《哈佛商业评论》的文章《社会责任的危害》中指出："人们所谓的企业社会责任似乎是用于避免罢工对大型公司的冲击……企业社会责任毫无神秘可言，它既不会改变商人的本性，也不会削弱其自利心。恰恰相反，（企业家口中的）企业社会责任仅仅是企业在最大化自身收益时用来堵住批评者的嘴的工具。""商业的功能在于产生持续稳定的利润，自由企业生存的必要条件是想尽办法追求利润，这也是企业在经济系统生存的必要条件。"然而，当人们将企业卷入社区生活、政府事务、慈善事业、教育事业时，企业就与中世纪时期的教堂并无二致，此时企业的目标包罗万象，再也不是资本主义体系中的逐利机构。莱维特认为追求利润是企业的责任，而解决社会问题是政府的责任，让企业来履行政府的责任非但无法收到预期效果，反而会引起严重的后果。

新自由主义的代表人物哈耶克也谈到过企业社会责任。他在《民主社会中的公司：它应为谁的利益而行》一文中写道："如果我们打算把公司势力有效地限制在有益的范围内……让股票持有人委托给管理者的资本得到有利可图的使用。""允许甚至强迫公司，让它把资源用于它们所支配的资本的长期回报最大化之外的目标这种趋势，会赋予它们一些不应有的、对社会有害的权力。""认为它的政策应当受'社会考虑'的指导，这种时髦理论有可能造成一些最不可取的后果。""公司的唯一任务就是将其资产用在最有利可图的事情上，因此它无权做出这样的价值选择，即让它的资源服务于别人的价值。"哈耶克的观点实际上是将自由主义思想贯彻于企业，认为企业没有义务根据公共利益来采取行动，企业应该追求自己的利润目标而不是公共目标。

（三）理论的贡献与不足

新古典经济学理论视野下的企业社会责任指出，企业唯一的社会责任就是创造利润。有意思的是，学术界长期把坚持这一观点的人视为企业社会责任的反对者。事实上，这类观点并非意味着企业可以不择手段地追求利润，而是要求企业在一定的约束下追求利润。弗里德曼指出企业应该在开放、自由和没有欺诈的竞争中追求利润，哈耶克认为企业社会责任就是保证其资本得到最大的长期回报，但这并不意味着在追求这一目标时，它们不应受到普遍的法律和道德原则的约束。与管理学不同的是，经济学的目的不在于最大化某个微观经济主体的利润，而是致力于整个社会的资源配置最优化。新古典经济学理论视野下的企业社会责任实际上是采用经济学的理性来思考企业社会责任问题。在社会分工的情况下，企业的本职工作就是以尽可能高的效率搞好生产，而企业之外的社会问题不应该由企业来解决。

这一类观点的贡献在于指出了企业实现社会责任的行为方式，使企业社会责任变得非常清晰，具有可操作性。同时，将企业从创造就业、增加税收、关注教育等不切实际的社会目标中解脱出来，专注于生产，认为企业不应该以牺牲自身效率为代价来解决自身之外的社会问题。[1]

这一类观点的不足在于，"看不见的手"原理必须在苛刻的经典假设之下才能成立。事实上，自发性的市场失灵现象的普遍存在使该原理在现实中往往难以奏效。企业社会责任的提出背景是人们逐渐意识到必须重视企业生产对社

[1] 吴颀．从经济学角度对企业履行社会责任必要性的分析［J］．杂文月刊：教育世界，2015（6）：2.

会造成的越来越大的负面影响。随之而来的企业社会责任运动的主旨也并非全部在于希望企业解决社会问题，而是呼吁企业不要制造社会问题。社会公众在看待企业社会责任时关注的往往是环境污染问题、食品安全问题、产品治理问题、生产安全问题等企业生产过程中制造出来的社会问题，然而，这一类观点并不能解决以上问题。从另外一个角度来看，追求利润是企业存在的必要条件，将其视为企业对社会的责任的提法也是存在问题的。没有利润的企业显然无法生存，就像人不吃饭便不能延续生命一样，但是能说吃饭是人的一种责任吗？显然这一类观点虽然强调了经济学的理性，但其对企业社会责任的表述并不符合社会公众对企业社会责任的认知，没有涉及企业社会责任真正应该关注的内容。

二、制度经济学视角下的企业社会责任标准

喻卫斌认为，SA8000 是劳工标准和国际贸易问题的延续。[1] 劳工标准和国际贸易是否可以直接挂钩，这是发达国家和发展中国家长期争执不休的一个问题。发达国家将劳工标准和国际贸易直接挂钩，其真正用意是在全球关税壁垒淡化的背景下，通过劳工标准的实施来限制发展中国家产品的出口。这是因为，发达国家和发展中国家经济发展水平存在明显差距，社会责任的标准也应不一样。对于发展中国家而言，因经济发展落后，加之企业社会责任的意识不强，相当数量的企业难以达到 SA8000 所规定的要求。强行推行 SA8000，将给发展中国家出口企业带来极为不利的影响。同时，上述研究者也认为，从发展趋势上看，将劳工标准和国际贸易问题挂钩将是一种要求或趋势。中国企业应面对这一现实，未雨绸缪，加强企业社会责任建设，真正履行企业对员工、消费者及社会所应承担的责任。

假设对于一个生产出口产品的企业 i 来说，每件产品的销售价格为 p，每件产品的生产成本为 c_{i0}，因出口企业不同而不同。假设当前存在的企业的利润都大于或者等于零，即满足每单位利润 $\pi_{i0}=p-c_{i0}\geqslant 0$。假设要通过国际劳工标准所需要的单位成本是 z，即企业 i 每件产品的成本会由 c_{i0} 上升到 c_{i1}，$c_{i1}=c_{i0}+z$。如果 $\pi_{i1}=p-c_{i1}\geqslant 0$，则企业仍然生存并且继续生产及出口产品，否则只能失去出口订单，从而陷入倒闭状态。满足 $\pi_{i1}=p-c_{i1}\geqslant 0$，即 $\pi_{i0}\geqslant z$，即如果企业原来的单位利润小于实施新标准所引发的成本 z，企业将不得不面临倒闭的后果。如果一个发展中国家，大多数加工出口企业赚取的单位产品利润介于 0 和 z 之间，那么被迫强行实行严格的劳工保护标准将会对该

[1] 喻卫斌. SA8000：以人为本，还是贸易壁垒？[J]. 新经济，2004（5）：103-105.

国的经济和出口造成严重打击。在图 2-1 中，横轴表示企业取得的单位利润 π，纵轴表示企业数量的密度 ρ，如果发展中国家企业的密度曲线为 A 的话，实行劳工标准将使得许多利润落在 0 和 z 之间的企业倒闭；如果发展中国家的企业密度曲线为 B 的话，则影响相对较小。

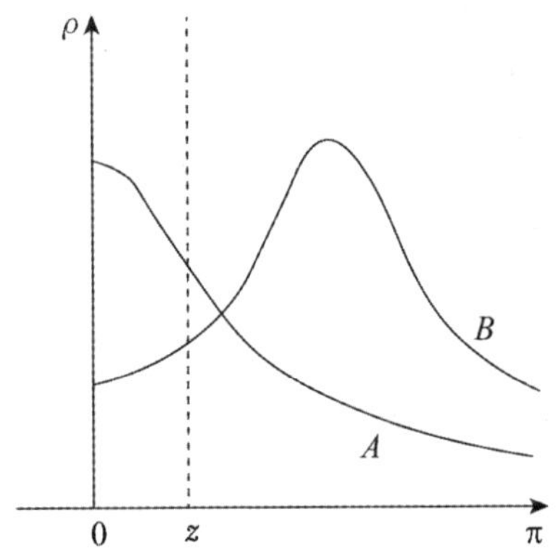

图 2-1　企业存续与劳工标准

在图 2-2 中，横轴表示发展中国家生产的出口产品 F，纵轴表示生产的国内产品 D。在发展中国家，企业被要求实施严格的劳工标准之前，生产可能性曲线为 P_0，与效用曲线 U_0 相切，发展中国家生产数量为 F_0 的出口产品并出口，生产数量为 D_0 的国内产品供自我消费。在出口企业被要求实施严格的劳工标准后，一些企业被迫终止生产经营，因此该国的生产可能性曲线下降为 P_1。与之相切的效用曲线为 U_1，效用低于先前的 U_0，并且此时生产出口的产品数量下降为 F_1，生产给国内消费的产品也下降到 D_1。发展中国家的经济利益受到了损害。

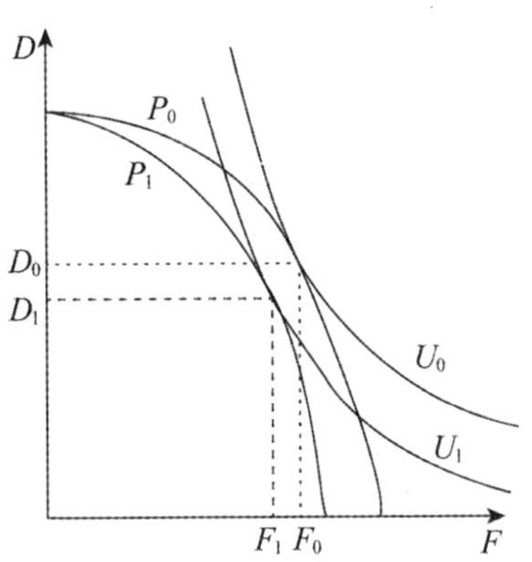

图 2-2　经济增长与劳工标准

假设一个行业中有 n 家工厂向跨国企业提供某种中间产品，一开始每个工厂得到利润 π，所以整个行业的利润为 $n\pi$。假设由于某些原因某些工厂领先于其他工厂通过了跨国企业推行的标准认证，数量为 n_1，剩下的 $n-n_1$ 家工厂没有通过认证。由于跨国企业可以决定将订单分配到哪些工厂，它可以发出威胁，如果企业没有通过认证，则失去订单，而通过认证的企业将获得全部订单。这里假设工厂能够及时调整工人数量，从而满足订单规模变化的需要。没有通过认证的企业将失去原有利润 π，而通过认证的企业获得的利润增加到：

$$\frac{n_1\pi+(n-n_1)\pi}{n_1}=\pi+\left(\frac{n\pi}{n_1}-\pi\right)=\frac{n\pi}{n_1} \tag{2-1}$$

增加部分为 $\frac{n\pi}{n_1}-\pi$。此时，没有参与认证的工厂将会比较参与认证的成本和收益来决定是否参与认证。跨国企业和认证机构认识到这一点，就会将申请认证的费用控制到等于或者小于申请认证的企业因此获得的收益，以使得企业申请认证。处于边际的工厂申请通过认证获得的收益为：

$$\frac{(n_1+1)\pi+(n-n_1-1)\pi}{n_1+1}=\frac{n\pi}{n_1+1} \tag{2-2}$$

所以它所愿意支付的最高认证成本就等于这个收益。但是，理性的工厂应该认识到，到最后所有企业都将申请通过认证，企业真正挽回的收益是 π，企业应该支付的最高成本是 π。

但标准认证在中国的推行遇到企业被迫申请的尴尬，用新制度经济学的视角分析，这是意愿制度供给与实际制度之间的不一致，其主要原因是意愿制度供给与企业对制度创新需求的不一致。一方面，这些企业主要是劳动密集型企业，长期的低成本竞争策略是获利的源泉，实施 SA8000 必然使获利空间减少；另一方面，中国的劳动法与标准之间并没有很大冲突，企业习惯遵循劳动法。中国已有的制度如何与国际规则实现有效衔接，是制度变迁的关键。

三、利益相关者理论与企业社会责任

1984 年，弗里曼提出了利益相关者理论，他认为企业的经营管理者应该平衡各个利益相关者的利益要求而进行管理活动，企业追求的是利益相关者的整体利益，而不仅是某些主体的利益。利益相关者理论是在对股东至上主义的反思下提出的，认为企业在综合考虑利益相关者诉求的情况下进行决策更有利于企业的生存和发展。该理论并非在研究企业社会责任时提出的，但企业社会责任的研究者很快从中发现了价值。

（一）利益相关者理论概述

利益相关者理论自提出以来就面临一个亟待解决但至今为止仍未得到圆满解决的问题：谁是利益相关者。这个问题直接关系着企业应该为谁负责。利益相关者理论认为企业本质上并不是只受股东主导，而是受到多个市场主体的影响，因此，股东并非是企业唯一的所有者。弗里曼给出的利益相关者的经典定义为：那些能影响企业目标实现或被企业目标实现所影响的个人和群体。他从所有权、经济依赖性和社会利益三个角度对利益相关者进行了分类：对企业拥有所有权的利益相关者是企业的股票持有者；对企业存在经济依赖性的利益相关者包括员工、债权人、消费者等；与企业存在社会利益关系的利益相关者为政府、媒体等。

以上是几种具有代表性的利益相关者定义，实际上不同学者基于不同的角度有不同的看法。利益相关者理论认为企业在管理过程中应该平衡利益相关者的利益。如图 2-3 所示，随着资本市场的不断发展，企业的股东队伍越来越大，大致可以分为大股东和中小股东，前者对企业决策的影响力很大，后者的影响力很小。企业对大股东负责可以使股东持续持股或加大投资，对小股东负责可以改善企业形象，提高资产的收益率和每股收益。现代企业的发展越来越依赖于人力资本的素质，企业对员工负责可以吸引高水平人才的加入，从而为企业创造更大的价值。在买方市场上，消费者按照个人意愿选择各种商品，对消费者负责可以使企业未来的销售量和收入增加，从而增加企业利润。政府为企业提供了各种公共服务，包括基础设施、公共政策等，给企业的未来发展方向提供了一定的指引，对政府负责有利于企业的健康发展。非政府组织既会因企业生产过程中产生的社会问题给企业带来压力，也会对良好规范的企业行为进行支持，企业应该和非政府组织进行沟通。社区居民没有参与企业的生产和经营管理，但却直接面临企业生产对其造成的影响，如环境污染、噪声污染等，所以企业应该考虑社区居民的利益而降低类似的负面影响或者给予社区居民适当的补偿。

利益相关者理论实际上是将利益相关者置于组织系统内部，对组织结构进行重新安排和设计，形成一个利益相关者可以进行互动的开发网络，从而有利于解决社会问题的理论，这就对企业行为有了新的要求。换句话说，该理论认为企业与利益相关者之间并非对立关系而是唇齿相依的关系，只有综合考虑利益相关者的利益，企业才能健康发展，破坏利益相关者利益无疑是一种杀鸡取卵的短视行为。❶

---

❶ 林曦. 弗里曼利益相关者理论评述［J］. 商业研究，2010（8）：66-70.

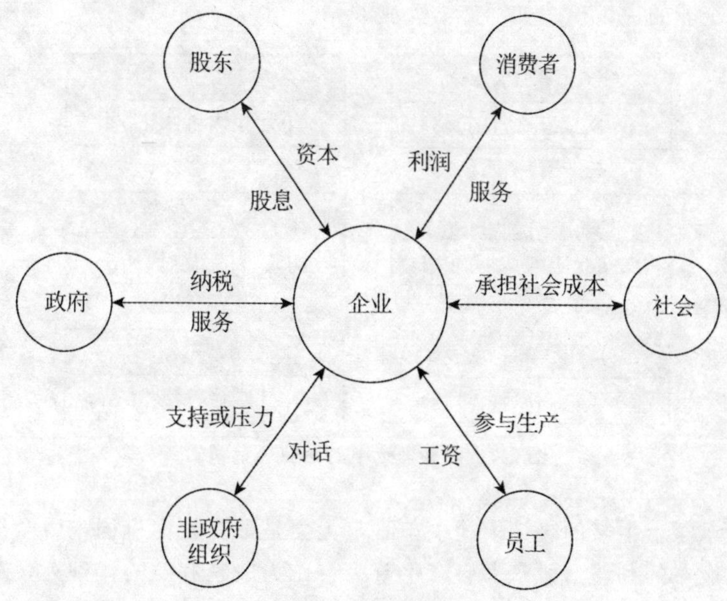

图 2-3 利益相关者模型

（二）利益相关者理论与企业社会责任行为

利益相关者理论与社会责任理论是两种不同的理论。前者考虑的是企业与利益相关者之间的关系问题，是一种企业治理理论；后者考虑的是企业与社会之间的关系，讨论的是企业行为对社会的影响。后来人们发现，利益相关者实际上是与企业相关的社会主体，20 世纪 90 年代后期以来，利益相关者理论与企业社会责任理论的理论研究和实证检验逐渐呈现相互渗透的趋势。国外很多企业社会责任的研究者认为可以在研究中引入利益相关者理论。卡罗尔（Carol）认为，利益相关者理论好比一盏明灯，照亮了企业社会责任的发展方向，它告诉企业究竟应该对哪些人或者群体承担相应的社会责任。卡拉克森（Clarkson）指出利益相关者理论认为企业并非慈善机构或者政府等组织，企业只需要处理与利益相关者有关的社会问题而不需要处理与其没有直接关系的社会问题。

在利益相关者理论下，履行社会责任的企业的治理模式会发生变动。新古典经济学理论下的企业社会责任指向的是股东至上主义。股东是企业的出资者，具有对企业的控制权和剩余索取权，企业治理目标为最大化股东利益。利益相关者理论下的企业社会责任认为企业的所有者除了股东外，还包括员工、债权人、供应商等，企业治理的目标是满足多方利益相关者的不同需求。两种理论下的企业的决策模式如图 2-4 所示。

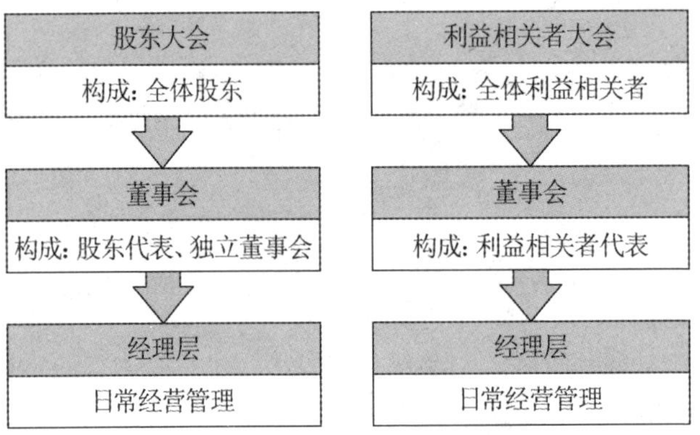

图 2-4　两种理论下的企业决策模式

在股东至上主义的决策模式中，股东大会是最高权力机构，由全体股东构成，代表股东的利益。股东大会产生董事会作为股东利益的代理人，董事会一般由执行董事和非执行董事组成，负责对企业业务经营活动的指挥与管理，对企业股东大会负责并报告工作。在利益相关者理论下的决策模式中，为了保证企业社会责任的履行，企业的利益相关者会参与企业的治理，此时的最高权力机构为利益相关者大会，由全体利益相关者构成，代表全体利益相关者的利益。利益相关者大会产生董事会作为利益相关者的代理人，此时的董事会由利益相关者代表构成，对利益相关者大会负责并报告工作。由于利益相关者大会代表全体利益相关者的利益，对利益相关者大会负责的企业治理活动就能保证企业对利益相关者负责，从而履行社会责任。

四、企业社会契约理论与企业社会责任

社会契约是人与人之间的一种契约，其订立结果产生了社会，用以说明政治权威、政治权利和政治义务的来源、范围和条件等问题。人类生存在彼此联系的世界中，因此个体的活动难免会对其他个体产生或好或坏的影响。为了维护社会秩序，早在古希腊就有学者开始用社会契约的思想来思考人与人、人与社会之间的关系。社会企业契约是一个非常抽象的概念，但它却说明了人们对政府和社会组织（如企业）合法行使权力、履行与社会所达成协议的期望。20 世纪 80 年代以来，有的学者开始将社会契约理论引入现代企业的研究，其中比较突出的是对企业社会责任的研究。

（一）企业社会契约理论概述

弗里曼和吉尔伯特（Gilbert）认为，当今社会人们对企业决策行为合法性的质疑逐渐超越了对政府决策合法性的质疑。由于企业行为对社会产生的影响越来越大，商业伦理学家越来越关注企业行使权力的合理性、企业行使权力的恰当形式等问题，这些也是企业社会契约理论所要解决的根本问题。

经济交易需要一种道德框架作为基础，如果不存在一种核心的、共同的道德观，那么经济就会处于霍布斯所说的自然状态之中，经济体将陷入一种无序的状态。在这种状态下，整个社会缺乏诚信，不尊重私有产权，为了获取利益可以不择手段，市场要么被扭曲，要么整体失灵。经济的正常运行必须建立在大多数人认可的“游戏规则”上，即应该存在一种包含产出道德观的社会契约。那么，这种社会契约应该包含哪些条款呢？唐纳森（Danaldson）和邓菲（Dunfee）通过一个思想实验对此进行了探讨。唐纳森和邓菲假设参加缔约活动的全球缔约者均是理性的，他们聚在一起为商品和服务的生产、交换过程中的适当行为确定一个界限。由于所有人都有自己特有的经济和政治偏好，通过缔约活动来形成一种界限分明的道德观几乎是不可能的。唯一的可能性就是在一种程序的或广泛的框架上达成一致，并在适当的环境下根据这个框架确立道德规则。这种“程序的或广泛的框架”可以用宏观社会契约来表述。唐纳森认为宏观社会契约的第一个条款为：所形成的规范的微观社会契约必须以同意为基础，以个体成员履行发言权和退出权为支撑。第二个条款为：为了具有强制力（合法），微观社会规范必须与超规范相符。宏观社会契约和微观社会契约结合在一起就形成了综合社会契约。

唐纳森和邓菲提出的企业社会契约理论是一个笼统的概念，可以用来解释企业行为的合法性，即得到受企业影响的群体的支持与认可。可见，企业社会契约理论涉及的对象是多元化的，企业在经营活动中应该平衡和处理好各方面的关系。我国学者李伟对企业社会契约的进一步解析，有助于我们深入认识该理论，如图 2-5 所示。

企业内部社会契约主要包括股东权益保护以及员工人身安全保证、自由保证和尊严保证等。企业社会契约要求企业在生产过程中消除歧视，给予员工公平的机会。具体来说，企业与股东的契约是指企业应该依照委托代理制度的约定，股东履行出资等职责并维护其合法权益，不应该违规干预管理者的经营管理；企业与管理者之间的契约是指管理者应该及时披露管理过程中的相关信息，并且在管理目标的设定上尊重股东的利益，不应该通过隧道行为（上市公司或控制上市公司的大股东通过种种正当及非法的手段侵蚀中小投资者利益的

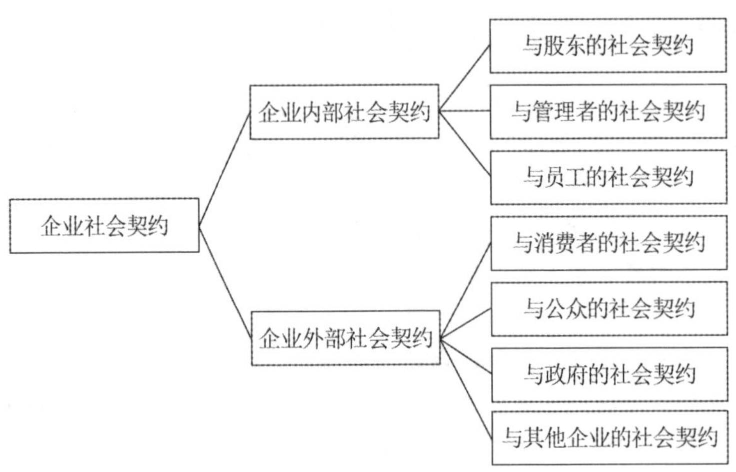

图 2-5　企业社会契约的详细分类

行为)、关联交易等侵害股东利益。企业外部社会契约是企业与自身之外的其他主体包括其他企业、消费者、政府、社会公众之间的契约关系。企业与其他企业之间的契约是指企业应该公平对待供应商和竞争者；企业与消费者之间的契约是指企业应该为消费者提供质量合格的产品和服务，不得以次充好或者欺骗消费者；企业与政府之间的社会契约是指政府基于其社会管理职能会对企业行为有基本的要求，如企业应该依法纳税或者响应政府的经济政策；企业与社会公众之间的契约是指企业在生产经营过程中应该尊重不与企业发生直接关系的社会公众，主要包括将空气污染、水污染、固体废弃物污染、噪声污染等控制在社会公众可以接受的范围内。值得注意的是，李伟对企业社会契约的解析实际上是社会契约理论与利益相关者理论的融合，前者解释了企业决策行为的合法性，后者指出了企业社会契约针对的对象。

（二）企业社会契约理论与企业社会责任行为

现代企业理论认为，企业是不同个人之间一组复杂的显性契约和隐性契约交汇所构成的法律实体。在这种复杂的法律实体中，相互交汇的契约包括管理者和股东之间的契约、管理者与员工之间的契约等。这是一组复杂的契约系统，其主体为企业及所有的利益相关者。由于每个和企业订立显性契约或隐性契约的利益相关者都以某种形式向企业提供了某种资源，每个利益相关方都希望自己的利益得到满足。

从制度经济学的角度来看，企业社会契约理论实际上是制度在企业行为中的体现。事实上所有的制度安排都可以看成是显性契约和隐性契约的结合体，企业制度安排亦是如此。例如，在雇佣契约中，雇主和雇员可以就工资水平、劳动时间、从事的岗位以及其他福利水平等进行明确的规定，然而，根据契约不完全理论，由于信息不对称，占有信息优势的雇主可能会侵害雇员的利益，雇员也可能通过偷懒行为侵害雇主的利益。为此，雇佣双方应该达成一种隐性契约，这种隐性契约建立在双方克制机会主义行为的基础上。企业履行社会责任的途径就是积极履行显性契约和隐性契约。换句话说，如果企业只考虑与利益相关者之间的显性契约而忽视隐性契约，或者两者都不考虑，那么可以认为企业没有履行社会责任。

唐纳德和邓菲在论证综合社会契约时提出了以下两种观点。

（1）工具性观点

如果企业只顾自身发展，漠视利益相关者的利益要求，实际上是一种短视行为，利益相关者的反抗活动（如工会发起的罢工、社区群众采取的联合抵制活动、政府的制裁、媒体的曝光）会给企业造成巨大的影响，终将危及企业的生存。

（2）规范性观点

该观点认为无论企业的经营状况如何，都应该回应利益相关者的利益要求。它不再将满足利益相关者的利益要求作为追求企业自身发展的一种策略或工具。也就是说，无论企业经营状况好与坏，企业都应该坚持履行社会责任，将其作为企业的行为规范。

这两种观点相辅相成。当企业社会责任行为与企业逐利行为相容时，工具性观点指出了企业自觉履行社会责任的动力；当企业社会责任行为与企业逐利行为发生冲突时，规范性观点给出了企业的行为规范。❶

（三）理论的贡献与不足

1. 理论的贡献

（1）社会契约解释了企业为何要履行社会责任

虽然企业社会契约的概念非常抽象，但它却暗含了企业行为应该符合社会公众的期望的意思。企业与利益相关者之间存在显性和隐性的契约关系，约定了企业行为的准则，履约的过程实际上就是回应利益相关者利益要求的过程。正是有了社会契约的存在，企业才必须履行社会责任。帕利默（Palmer）认为社会契约理论支撑了企业社会责任的概念，企业的运作应该建立在社会与企业所约定内容的框架内，企业或者在法律的指导下运行，或者在社会规范和社会

❶ 李淑英. 社会契约论视野中的企业社会责任［J］. 中国人民大学学报，2007（2）：51-57.

期望的指导下运行。

(2) 社会契约理论与企业社会责任的理念一致

李淑英认为典型的社会契约理论具有三个原则：一是社会契约的自由性，包括自由参与缔约、自由选择缔约方、自由决定缔约的内容及形式等；二是社会契约的平等性，“平等”是缔约双方应该遵循的基本原则，没有平等的地位就没有双方真实意思的表达；三是社会契约的功利性，社会契约的缔约人在立约时都认为契约是对自己有利的，而不是一方受损另一方获利。只有在这种对双方都有利的前提下才能满足理性人的要求，才能达成社会契约成立的条件。以人为本的理念要求处理好人与自然、人与人、人与社会之间的关系，而这些关系的具体内容和处理方法都包含于社会契约理论之中。

(3) 社会契约理论维护了企业社会责任提倡的社会公平

按照唐纳森的说法，企业存在的必要条件是理性的社会公众的认可和支持，相应地，企业就应该满足社会公众对企业的期望，这才体现了社会公平。显然，维护社会公平是企业社会责任的重要目标之一。周祖城认为企业社会责任是社会对企业的期望，从形式上看，综合责任说更有助于完整地反映社会的期望。由此可见，社会契约与企业社会责任在倡导社会公平方面是不谋而合的。

(4) 社会契约促进了企业社会责任运动的发展

社会契约理论使企业社会责任运动的形式更趋多元化，其中最具代表性的是“全球契约”的形成。1991 年 1 月在达沃斯世界经济论坛年会上，时任联合国秘书长的科菲·安南（Kofi Annan）提出了“全球契约”计划，并于 2000 年 7 月在联合国总部正式启动。“全球契约”计划号召各企业遵守在人权、劳工标准、环境及反贪污方面的九项基本原则，具体见表 2-1。

表 2-1 “全球契约”九项基本原则

人权	(1) 企业应该尊重与维护国际公认的各项人权
	(2) 绝不参与任何漠视与践踏人权的行为
劳工标准	(3) 企业应该维护结社自由，承认劳资集体谈判的权利
	(4) 彻底消除各种形式的强制性劳动
	(5) 消除童工
	(6) 杜绝任何在用工与行业方面的歧视行为
环境方面	(7) 企业应对环境挑战未雨绸缪
	(8) 主动增加对环境所承担的责任
	(9) 鼓励无害环境技术的发展与推广

2. 理论的不足

企业社会契约理论固然使人们对企业社会责任的认识推进了一步，但该理论依然存在不足。“社会契约”本身是一个高度概括的模糊性概念，契约条款特别是隐性契约条款往往难以确定，从而缺乏约束力，这使得企业社会契约理论仅仅具有理论上的解释力却难以在现实世界中奏效。契约的执行需要以违约惩罚为约束，如果违约存在收益而不存在成本或者成本可以忽略不计的话，那么，作为“经济人”的企业则倾向于选择违约。

五、企业公民理论与企业社会责任

经济全球化在加快世界经济发展的同时，也引发了贫富悬殊、南北差距、失业、生态环境恶化、自然资源遭到破坏等严重的社会问题。在认识与解决这些问题的时候，人们逐渐发现履行企业社会责任是一个较好的途径，于是，企业社会责任与可持续发展理论风靡全球。后来人们在企业行为中引入伦理，由此诞生了一个新的概念，即“企业公民”（Corporate Citizenship）。

（一）企业公民理论概述

企业公民的概念首先诞生于实践，而后才被学者关注，走入理论界。1982年，麦道公司在其公司理念中写道：“本公司的各项事务必须遵守公正和道德。为此，我们将成为优秀的企业公民，并鼓励员工为他们所在的社区服务。”直到20世纪90年代，企业公民的概念才进入理论界，并得到不断的研究和推广。企业公民是“企业”与“公民”两个概念的有机构成体。企业属于法人，是依法具有民事权利能力和民事行为能力并独立享有民事权利、承担民事义务的社会组织。公民是指拥有一国国籍并依法享有权利和承担义务的人。直观地看，企业公民就是指企业将自己看成社会的公民，不仅应该依法享有权利和承担义务，还应该具备一个公民所应该具备的道德。

目前，学界对企业公民的研究存在三种不同的观点，即“企业是公民”“企业像公民”“企业管理公民权”。马斯登（Marsden）认为企业是有权利和义务的法人，与其所在国家的公民一样。穆恩（Moon）等学者认为“企业是公民”理念的提出是企业公民研究领域的重要转折点，但是这类分析无法从根本上回答企业是不是公民的问题，并认为该理论的提出并不是强调企业的公民定位，而是强调企业应该像公民一样参与社会和治理。马滕（Matten）和科瑞恩（Crane）认为，企业公民学说并不是说企业是公民，也不是说企业像公民，而是认为企业在公民权管理中能起到积极作用。因为公民权与国家密不可分，国家是公民权的担保人，但是一定程度的政府失灵使企业进入公民权的领域，接管了某些原先由政府履行的保护公民权的职能。这两种观点仅仅是从法理的角度理解企业公民这个概念时产生了分歧，但它们对企业行为的要求并没有明显的不一致。清华大学经济管理学院的“企业公民课题组”认为规范的企业公民行为包括以下十个方面，见表 2-2。

表 2-2 “企业公民课题组”制定的企业公民行为规范

对所有者的责任	股东是企业的所有者，也是企业承担经济责任的主要对象，这项指标意在衡量企业良好的经营状况
对员工的责任	企业应保证合理的职工人数、平均工资和平均工作时间等，改善劳动条件，完善职工福利，开展岗位培训等
对消费者的责任	不断提高企业产品的质量和性能，做好产品的售后服务，提供社会咨询服务，降低产品价格等
对供应商的责任	应保证供应商利益，不拖欠账款，与供应商建立良好的合作关系等
对政府的责任	企业除向国家交纳税金外，还应为社会提供就业机会，包括为失业者、下岗职工、伤残者提供平等的就业机会等
对社会的责任	企业及其员工要积极参与社区建设、社区活动和社区服务
对环境的责任	企业应减少能源消耗，减少污染物排放，使用清洁能源，再利用回收废弃物，保持生态平衡等
对慈善的责任	企业要积极投身公益事业，鼓励员工参加志愿者活动、进行公益慈善援助等
对知识产权的责任	首先要尊重和保护他人的知识产权，同时创新和保护本企业的知识产权
定期发布企业公民报告	主动向社会展示企业的履责情况，积极与利益相关者沟通，自觉接受社会的监督

（二）企业公民理论与企业社会责任行为

企业如同自然人，属于社会公民，社会为企业的生存和发展提供了相应的资源并赋予一定的权利，那么，企业在享受权利的同时需要履行相应的义务，这种义务就是企业社会责任。李彦龙认为企业公民的权利是财产权利、生产经营权利和法律保护权利等，对应的义务是承担企业社会责任，包括经济责任、法律责任、环境责任和道德责任等。张圣兵认为企业公民的社会身份决定了企业承担社会责任的法律义务。事实上，在企业公民概念还未提出之前，凯斯·戴维斯（Keith Davis）就以“责任铁律”的形式论述了企业公民权利与企业社会责任之间的关系，他认为企业公民权利与企业社会责任是“权责一致”的。

"责任是对权力如何运用的规范性描述……没有按照责任规定行使权力就违背了责任的要求"❶。从权责关系来看，企业公民权利与企业社会责任之间存在如图 2-6 所示的三种关系。

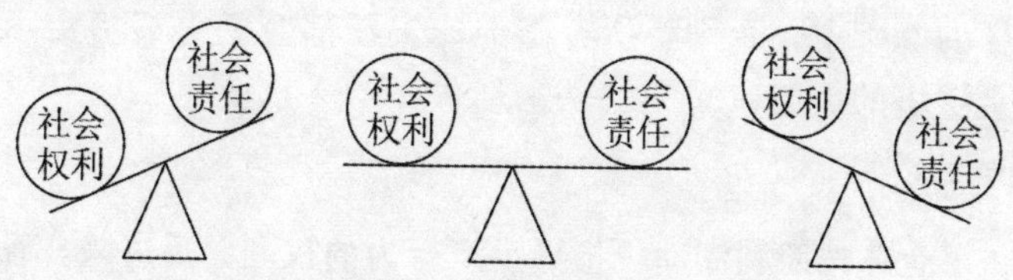

图 2-6 企业公民权利与企业社会责任之间的关系

企业社会责任研究的集大成者卡罗尔（Carol）经过长达二十多年的研究，认为企业公民行为包含如下四种责任：经济责任、法律责任、伦理责任和慈善责任。卡罗尔认为这四种责任之间并非相互排斥或者相互叠加的关系，而是呈金字塔形，如图 2-7所示。值得注意的是，经济责任和法律责任很早就以某种形式存在了，而伦理责任和慈善责任则是在近些年才开始发挥重要作用的。

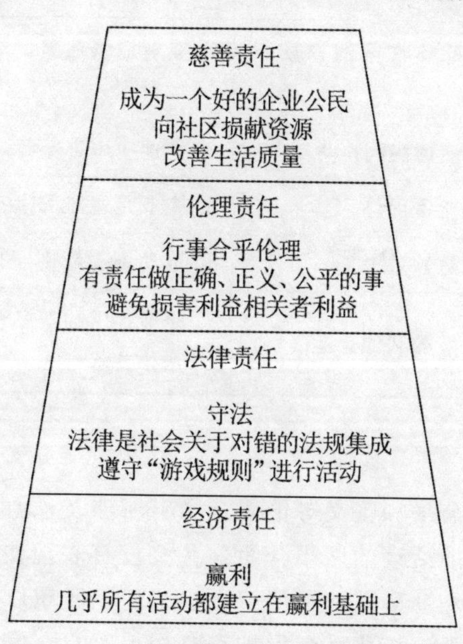

图 2-7 卡罗尔的企业社会责任金字塔模型

1. 经济责任

企业是为社会公众提供产品和服务的经济主体，而利润动机是企业存在的

❶ 麻宝斌，郭蕊. 权责一致与权责背离：在理论与现实之间 [J]. 政治学研究，2010 (1)：72-78.

首要原因。毋庸置疑，企业是当今社会的基本经济单位，主要职能是生产和销售社会公众需要的产品和服务，并在此过程中获得一定的利润。在新古典经济学视野下，这种利润动机被看作利润最大化的理念。企业的所有责任都应该建立在经济责任的基础上，否则，所有其他的责任都会变得不切实际。因此，经济责任处于金字塔的底部。

2. 法律责任

社会赋予了企业按照利润动机指导生产行为的权利，反过来，社会也期待企业行为不超过各级政府制定的法律法规认可的范围。企业与社会之间的社会契约的一个重要条款，就是企业追求利润的行为必须约束在法律认可的范围内。法律责任将公平注入企业的生产运营中，因此，法律责任处于金字塔的第二层。

经济责任和法律责任的一些重要方面见表 2-3。

表 2-3 经济责任和法律责任

经济责任	法律责任
1. 企业应该在最大化每股收益的原则下运行	1. 企业应该在满足法律规定和政府期望下运行
2. 企业应该追求尽可能多的利润	2. 企业应该遵守各级政府的法律法规
3. 企业应该保持较强的竞争优势	3. 企业是遵守法律的企业公民
4. 企业应该保持较高的运营效率	4. 成功企业是履行了法律责任的企业
5. 成功的企业是能够持续盈利的企业	5. 企业提供的产品和服务至上满足了最低法律要求

3. 伦理责任

虽然法律责任对公平和正义等伦理观念有所涉及，但是伦理责任涉及的是社会公众对企业行为或活动的期望，而这些并没有表现在法律条款中。伦理责任涉及的标准、原则和期望反映了消费者、员工、股东以及社区等对公平正义的关注，相应地，企业应该尊重和保护利益相关者的道德利益。

4. 慈善责任

慈善责任是指企业作为良好的企业公民应该回应社会公众对企业行为的期望，包括通过各种方式促进社会福利。例如，将企业的财政资源或者业务时间贡献给艺术事业、教育事业或者促进社会生活的事业。

伦理责任和慈善责任的一些重要方面见表 2-4。

表 2-4 伦理责任和慈善责任

伦理责任	慈善责任
1. 企业运行应该满足社会道德观和伦理期望	1. 企业通过各种方式促进社会福利
2. 认可与尊重社会推崇的新道德标准	2. 资助高尚的艺术事业
3. 防止为达成企业目标而在伦理标准上让步	3. 企业的管理者和员工都在他们自己的社区参加志愿者活动和慈善活动
4. 企业公民应该从事符合道德和伦理的事情	4. 资助私人和公共教育机构
5. 认识到企业的诚实和企业伦理行为不仅仅是道德法律和法规的约束	5. 自愿资助旨在提高社区生活质量的项目

（三）理论的贡献与不足

企业公民的理论贡献在于从理论上指出了企业履行社会责任的依据，并从权责一致的角度划定了企业社会责任的边界。这点与社会契约理论比较相似。然而，“责任铁律”和“企业公民”都属于法律范畴，这就意味着以此为依据的企业社会责任仅仅局限于法律责任。社会关系复杂多变的性质决定了法律漏洞不可避免，将企业社会责任局限于法律责任显然是不完备的。此外，企业作为责任主体或者企业公民对社会应尽哪些义务本身也是模糊不清的。可见，这一类企业社会责任概念的局限性以及企业应尽义务的模糊性使其不利于企业社会责任的实践。

六、战略性企业慈善行为理论

唐更华和许卓云认为，在坚持和完善企业社会责任与经济目标兼容论的基础上，美国著名经济学者迈克尔·波特（Michael E. Porter）所倡导的战略性企业慈善行为论独树一帜，它强调企业慈善行为在产生社会效益的同时能有效改善企业竞争环境。[1]

假设社会需要控制污染，运作方式有通过政府以及其他机构进行控制和通过企业进行控制两种。在大多数情况下，企业控制污染比政府以及其他机构更

[1] 唐更华，王学力. 企业慈善行为策略研究新进展［J］. 管理评论，2004（9）：41-45，64.

加有效率，即成本可以更低。对于整个社会而言，无论运作方式如何，社会总收益是相同的，但是因为外部性的存在，企业控制污染的收益往往小于整个社会的总收益。这些性质表现在图 2-8 中就是：社会收益曲线 *SR* 在企业收益曲线 *PR* 上方，企业成本曲线 PC 在社会成本曲线 *SC* 下方。需要说明的是，*SC* 是社会通过政府以及其他机构控污时的成本，而 *PC* 则是社会通过企业控污时的成本（假设此时全部成本由企业承担）。当社会通过政府控污时，政府关注 *SC* 和 *SR*，根据最优原则，政府选择的控污规模为 Q_1，社会的净收益是 *A*。当社会通过企业控污时，企业关注的是 *PR* 和 *PC*，根据最优原则，企业选择的控污规模是 Q_2，企业的净收益是 *B*，整个社会的净收益是 *C*。很明显，在同一控污规模下，通过企业控污将使得社会获得更大的净收益。但是由于企业和社会的决策准则差异，企业选择的控污规模有可能使得社会因此得到的净收益小于社会自行选择时得到的净收益 *A*，当 *PR* 比 *SR* 低很多时，这种情况就有可能发生。但是，一般情况下，如图 2-8 所示，尽管企业没有根据社会最优做决策，社会通过企业控污得到的净收益 C 仍然大于 *A*。*PR* 和 *SR* 曲线越接近，社会越能通过企业增加社会福利。同理，当企业进行慈善活动比政府具有更高效率时，政府和社会应该鼓励企业这么做。

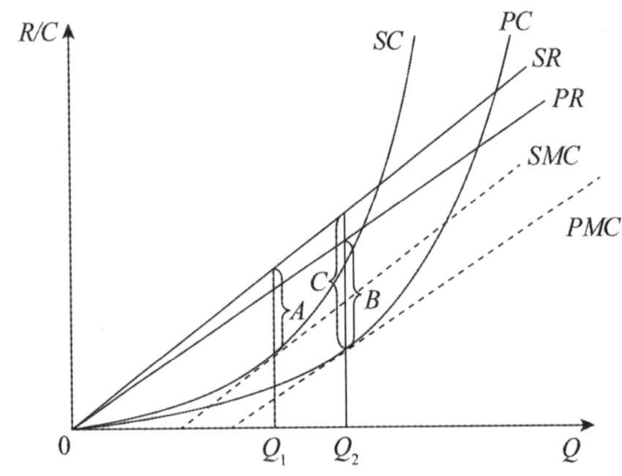

图 2-8　社会通过企业和政府控污的收益成本分析

在现代社会中，分工极大地提高了经济效率，每个市场个体都具有各自的专长。当市场个体有效合作将各自的专长结合起来时，将极大地提高效益。在社会责任的实现过程中，同样需要这种合作。假设一个企业 0 在政府的支持下承担某项社会责任活动，企业 0 本身为该项活动提供自身的产品（代号 $i=0$），数量为 x_0，此数量也是该活动的需要量，假设提供的价格为成本 p_{0L}（相对于市场的高价 p_{0H}，我们称之为低价）。之所以记为以成本价提供，是因为即使企业 0 完全免费捐赠，从社会角度来看也需要消耗生产成本 p_{0L}。所以企业 0 为社会责任活动的净捐赠为（$p_{0H}-p_{0L}$）x_0。但是，整项社会责任活动还需要其他 N 种产品，如果没有其他企业参与，政府就不得不以市场价格购入这些产品，所花费的成本为 $p_{1H}x_1+p_{2H}x_2+\cdots+p_{NH}x_N$。假设部分产品由生产该产品的企业以成本价提供，则社会责任活动获益更大。但是当企业数目增加时，社会责任活动会产生一定的协调成本，记为 c（n），其中 n 为除企业 0 外其他参与企业的数量，$0\leqslant n\leqslant N$，c'（n）>0，c''（n）$\geqslant 0$。n 个企业的参与为社会责任带来的净收益为 $\sum_{i=1}^{n}x_i(p_{iH}-p_{iL})-c(n)$，企业参与的条件是该净收益大于或等于 0。而最优的参与企业数量 n^* 则由边际收益等于边际成本的决策原则决定：

$$\sum_{i=1}^{n^*}x_i(p_{iH}-p_{iL})-\sum_{i=1}^{n}x_i(p_{iH}-p_{iL})=c'(n) \tag{2-3}$$

其中 $n=n^*-1$。不难知道，在社会责任活动如社会慈善公益活动中，参与的企业都更加关注社会福利的提高而淡化自身经济利益，所以一般来说协调成本要比市场竞争环境下的协调成本低很多，最优的情况是 $n^*=N$，即社会上合适的企业都积极参与社会责任合作。

第三章 企业社会责任与利益相关者分析

企业利益相关者的概念是美国弗吉尼亚大学教授弗里曼最早提出来的。他认为，企业利益相关者就是任何可能影响企业目标实现或受这种实现影响的群体或个人。弗里曼教授的这个定义经常被称为利益相关者的经典定义。

此后，有很多学者都撰文定义利益相关者，归纳起来主要有狭义论者和广义论者两类。狭义论者认为，企业的利益相关者是一些个人或群体，他们与企业以及企业的业务、绩效都存在着利益关系、权益主张关系或者股份关系。广义论者认为，企业利益相关者是指那些能影响企业目标的实现或被企业目标的实现所影响的个人或群体。广义论者不仅将影响企业目标的个人和群体看作利益相关者，同时还将受企业目标实现过程中所采取的行动影响的个人和群体看作利益相关者，如把当地社区、政府部门、环境保护主义者等实体纳入利益相关者的研究范畴，大大扩展了狭义论者定义的利益相关者的范围。

本书采用广义论学者的观点，将利益相关者定义如下。

现代企业利益相关者是指那些对企业组织投资和经营有各种期望和要求，并能够影响企业业绩或受企业绩效影响的利益团体或个人，包括股东、员工、供应商、经销商、消费者以及竞争者、媒体、社区、政府等众多利益团体。

利益相关者涉及众多的群体，为了有效地满足不同群体的利益诉求，可将其按照不同标识进行分类。例如，由于不同的利益相关者对企业战略决策的影响程度是不同的，根据影响程度的不同，可将其分为主要利益相关者和次要利益相关者。又因为与利益的密切关系不同，又可将其分为直接利益相关者和间接利益相关者。所有的利益相关者不可能对所有问题保持一致意见，其中一些群体要比另一些群体的影响力更大，如股东、员工、消费者等，我们将其定位为重要的利益相关者。企业发展与重要利益相关者关系密切，因此要慎重处理与他们的关系。

对企业利益相关者的不同划分，是为了表明不同利益相关者追求的目标不同。例如，股东着眼于企业价值及红利；经理重视职位、权利与待遇；员工关心工资、奖金、工作安全等；消费者关心产品的质量、售后服务、价格水平；供应商侧重于业务稳定、价格谈判、交货条件、付款期限；经销商侧重于所经销商品的利润空间、商品的品质、顾客购买的欲望和满足顾客的程度；银行关注企业的财务状况，如企业现金流量、投资决策、还贷能力等；竞争者关心企业的市场份额、市场占有率、行业排名；新闻媒体关心企业信誉、企业行为和新闻采访点；地方公众关心就业、环境保护、经济景气指数；政府侧重于财政收入、国际收支、经济发展、国家安全等。

众所周知，利益相关者概念的演变与深化是与企业发展的进步同步的。该术语最初是股东、企业的投资者或所有者等一系列词的一个统一代名词，随着现代企业组织形式的发展，这一概念的范围随之扩大，其内涵也越来越细化、翔实和丰富。

企业可以直接或间接地影响利益相关者的利益，利益相关者也可以通过其自身的努力和行动对企业的近期利益和长远利益产生影响，甚至会影响到企业战略、企业决策、企业政策或企业行为。企业与利益相关者之间是互动和交叉影响的关系，对利益相关者进行分类，有利于对其进行深入的分析。特别是进入 21 世纪以来，当对企业内外部环境进行分析时，对企业直接利益相关者和间接利益相关者期望的分析已经越来越不可或缺。因为在今天这样一个经济一体化、经营全球化、生产社会化、利益多元化、关联网络化、商务电子化、资本国际化的时代，企业与其利益相关者之间的依存度比以往任何时候都高，从一定意义上讲，企业和利益相关者已成为利益共同体和命运共同体。企业高层管理人员应对利益相关者的期望和合理合法的利益诉求有清晰的了解，并尽可能以适当方式予以满足。

第一节　企业社会责任与消费者

一、企业与消费者的关系

在现代激烈的市场竞争中，有些企业日益发展壮大，有些企业却由强变弱甚至消失了。其中的原因是多种多样的，有的是因为宏观经济环境变动的影响，有的是因为财务管理或资本运作的问题，而企业如何对待和处理与消费者的关系无疑是最重要的因素之一。一般而言，企业与消费者的关系包括经济关系、法律关系和伦理关系，在这三者中，以经济关系为主，而通过法律和伦理进行调整，且伦理的重要性日益上升。

（一）企业与消费者的经济关系

企业生存与发展的前提是获得合理的利润，而这种前提只有在企业输出的产品和服务被广大的消费者认可和购买后才能实现。从这个角度出发，企业在市场中的竞争本质上也就是要更有效地争取更多的消费者。因此，企业必须通过市场调研充分了解消费者的欲望与需求，在此基础上，研发和生产符合市场预期的商品，并运用合适的定价策略和促销策略扩大市场份额。同时，随着科学技术的进步、经济的快速发展和人们生活水平的提高，消费者的需求也在不断变化，如对产品和服务的要求越来越高、偏好越来越多样化和个性化等。企业应该紧跟上述趋势，不断进行改革和创新，在综合衡量成本与收益的基础上，有选择地满足这些变化的需求。

从消费者视角看，消费者的大部分物质需要和一些精神需要也只有通过购买企业的产品和服务才能得到满足，如家具、汽车、电脑、电影和书籍等。因为随着专业化分工的不断深化，企业逐渐取代个人和家庭而承担起生产者的角色，个人只是从属于某一个组织而从事社会化生产，只参与某种产品整个流程的某一部分甚至某个零件的生产。因而，单个消费者无法通过自给的方式满足自己日常生活中的各种需要，只有通过购买企业的产品和服务才能提高生活质量。

综合上述分析，企业和消费者实际上是一种交换关系，消费者通过企业获得各种生活需要的满足，企业通过为消费者提供产品和服务获得利润。然而，在这种交换中，企业和消费者的地位不是对等的，企业往往拥有更多的优势，有可能实行夸大、隐瞒和欺诈等不法和不道德行为，需要通过法律和伦理进行规范。

（二）企业与消费者的法律和伦理关系

在现代社会，企业被越来越多地要求对环境和慈善等问题发表看法和采取行动，企业的社会责任问题已经成为热点。这当然是企业发展中的必然要求，但这并没有否定企业的本质是经济组织，盈利是企业生存和发展的前提。在商品日益丰富的背后，是企业之间竞争的白热化，企业盈利与企业激烈竞争之间存在着严重的矛盾，这种矛盾容易使企业通过不正当手段去获取利益。

而且，企业和消费者之间存在事实上的信息不对称，使得企业在信息优势和生存发展压力的双重作用下，极可能通过有意误导、夸大事实、故意隐瞒和蓄意欺诈等方式谋求竞争优势。因此，需要通过法律和伦理调整企业与消费者的经济关系，保护消费者的正当权益。

1993 年 10 月 31 日第八届全国人民代表大会常务委员会第四次会议通过的《中华人民共和国消费者权益保护法》对消费者的权利和企业的义务做了具体的规定。然而，法律不是面面俱到的，在法律的范围外，还存在着“灰色地带”。面对企业的欺诈、以次充好、短斤少两等行为，许多消费者也不愿意耗费大量的时间、精力和金钱对企业进行诉讼。但这并不意味着消费者毫无办法，由于可供消费者选择的替代产品和服务越来越丰富，消费者可以对不满的企业“用脚投票”，拒绝购买该企业提供的产品和服务。这实际上已经直接影响到了企业的生存和发展。如果企业背离与消费者交换的伦理原则，也许短期内会获得更多收益，但长期来看无异于“杀鸡取卵”，企业将最终因为失去消费者而走向衰败甚至消亡。因此，能否用讲伦理的方式恰当处理与消费者的冲突对企业的成败越来越重要。事前防范、事中处理和事后总结这些伦理问题，对于企业维系老顾客和发展新顾客起着不容忽视的作用。

二、企业对消费者的社会责任

（一）保证产品与服务的质量和安全

质量是企业的生命，企业必须为消费者提供符合质量和安全要求的合格产品或服务，这既是法律对企业生产经营的最基本要求，也是企业能生存发展的根本所在，还是企业履行对消费者社会责任的必然要求。在 21 世纪的今天，要把良好的产品质量、服务质量、管理质量的优化组合作为企业社会责任的新内涵，作为提升企业消费者社会责任的新起点，这样才能适应新形势的需要。

（二）优化产品或服务的质量和安全

第一，树立高质量、高服务、高安全、高管理的全员质量安全服务意识，把它作为企业的生命线，从提高管理者和员工意识入手，向企业内外表明自己确保质量和安全的决心和能力。

第二，建立提高产品质量和服务的管理体系，将履行对消费者的社会责任提升到一个更高的层次。

第三，要不断改进产品设计与工艺，研发可持续的产品或服务，更好地满足消费者现有的、未来的需求，并洞察消费者的潜在需求，提高他们对于产品或服务的满意度和忠诚度。

（三）保护消费者信息

1. 保护消费者信息是企业对消费者应负的重要社会责任

企业掌握众多消费者的信息。在日常生活中，消费者信息泄露的事件屡见不鲜，带来了严重的社会问题。消费者信息泄露的途径，从企业看，可能是信息被员工、离职员工或兼职员工带出；记录消费者信息的媒介如纸、软盘、U盘、CD、微型胶卷等丢失或未经销毁就作废；密码被破译，企业服务器被侵入，有关信息遭到盗窃等。从个人看，信息泄露的原因有个人电脑感染病毒而导致的流出；个人电脑的丢失、被盗；有关数据放在可能被阅览的场所等。

总之，在信息时代，用电子文档储存大量个人信息数据已被企业广泛采用，只需鼠标点击一下就会显示出大量的内容，一张CD就可以带走所有的消费者数据，一次病毒袭击也可以使数据流出，面临被他人利用的风险。为此，企业必须把保护消费者信息当作企业应承担的社会责任。

2. 采取保护消费者信息的必要措施

第一，应强化员工保密意识，特别是为消费者信息保密的意识。

第二，要明确制定保护消费者信息的方针，制定内部规则，加强网络安全性管理，对于大量接触消费者私人信息的部门及岗位，更应加强信息安全管理。

第三，以全体员工为对象，开展信息安全培训，提高信息管理水平。

第四，完善内部规章制度和业务流程，加强对顾客和交易伙伴个人信息的妥善管理，重视从技术上加强信息系统的安全性，严防数据丢失或被盗。

（四）严格履行对消费者社会责任的法律法规与规则

1. 严格履行对消费者责任管理的法律法规

维护消费者权益的社会责任是一个大系统，涉及方方面面。我国政府先后颁布了一系列法律法规，规定了企业对消费者包括产品质量、安全、健康及信息披露等方面的责任，这些是企业对消费者最基本的社会责任，主要有《中华人民共和国消费者权益保护法》《中华人民共和国产品质量法》《中华人民共和国广告法》《中华人民共和国食品卫生法》及《中华人民共和国药品管理法》。

2. 严格履行对消费者责任管理的规则

企业应严格履行ISO 9000质量管理体系及《良好企业保护消费者利益社会责任导则》（以下简称《导则》）。前者是国际上通行的对消费者责任管理的规则，从机构、程序、规则和总结四个方面来规范企业的质量管理，促进企业更好地履行对消费者的产品责任。后者是我国消费者协会于 2007 年推出的，它提出了 10 条准则，包括诚实诚信依法经营、信息披露真实充分、价格表示清晰明确、合同规范公平竞争、产品可靠使用安全、售后服务方便快捷、化解纠纷及时公正、尊重人格保护隐私、开展教育引导消费、环保节能永续发展。

第二节　企业社会责任与市场

一、企业与市场的关系

市场是社会分工和商品经济发展的必然产物。哪里有社会分工和商品生产，哪里就有市场。因此，企业的生产和再生产都要通过市场。

（一）市场是联结社会生产和消费的枢纽

社会再生产是生产过程和流通过程的统一。社会生产总过程包括生产、交换、分配、消费四个环节。生产是起点，交换和分配是中间环节，消费是终点。其中生产决定消费，为消费提供对象；生产发展水平决定着人们的消费水平、消费结构、消费方式：生产还会引起新的消费需要，造就消费者本身。而消费是目的，生产是手段，生产出来的产品归根到底是为了消费，消费还会不断提出新的需要推动生产的发展，没有消费，也就不会有生产的发展。所以，消费是生产的目的和动力。交换和分配是联结生产和消费的中间媒介，生产必须通过交换才能进入消费。没有交换，消费就不能实现，生产也无法继续。所以交换和分配在社会生产的总过程中占有特殊地位，企业要千方百计疏通商品流通的渠道，开拓市场促进生产。

（二）市场是保证企业再生产的重要环节

在社会主义商品经济生产的条件下，社会主义再生产过程一般也要经过三个阶段：一是购买阶段，二是生产阶段，三是售卖阶段。这样，三个阶段如此连续不断地循环，也就是企业的再生产。企业再生产过程中的三个阶段，除了生产阶段属生产过程外，其余购买阶段和售卖阶段都属流通过程。所以，企业的再生产是生产过程和流通过程的统一，两者互为媒介。因此，企业再生产要想顺利进行，就必须经过购买和售卖这两个阶段。如果流通过程不畅，商品卖不出去，商品的价值和使用价值就实现不了，企业的物质消耗也就得不到补偿，这样企业的再生产就难以正常进行。由此可见，流通和市场是保证企业再生产顺利进行不可缺少的重要环节。所以说，生产决定市场，市场决定生产。

二、企业对市场的社会责任

（一）建立企业对市场社会责任管理伦理与规则

1. 把社会责任管理作为现代企业管理的重要组成部分

企业必须深刻认识社会责任管理的意义，根据社会发展的环境变化，因势利导致力于加强社会责任管理，要从企业治理和现代企业制度的角度加强管理，以不断适应社会责任现代化、国际化的形势。要强化社会责任管理理念，完善社会责任管理体系，加强社会责任管理制度建设，持续对员工开展社会责任管理培训及管理责任理论教育。企业社会责任管理要与社会的步调保持一致，为适应信息社会、知识经济时代，要致力于知识管理理论的创新，建立新的知识型企业社会责任管理模式。

2. 企业履行市场社会责任必须强化信用管理

企业信用管理与企业履行社会责任相结合，应遵循的原则与理念有以下几个方面。

第一，遵循诚信、公正、客观、审慎的原则，提高管理效率，维持利益相关者的合法权益和社会公共利益。

第二，建立信息披露透明理念，信息披露符合国家法规及国际公法与标准，坚持会计信用，遵循高质量的会计准则和财务与非财务披露标准。

第三，强化企业诚信意识，树立企业效益与社会效益、环境效益、生态效益、利益相关者效益相统一的理念。杜绝弄虚作假、见利忘义等不道德行为，参与创造和建设诚信、和谐社会。

3. 建立企业对市场责任管理相关规则

目前，对供应商责任管理的倡议和规则除 SA8000 外，国际上主要通行的标准是德国 ECO-TEX 生态应用学院开发的供应链综合管理标准 CSM2000，它覆盖了对供应链的多种要求，包括社会责任、安全健康要求、环境管理要求等方面。CSM2000 标准得到国际上有良好声誉的独立审核及认证机构德国 RW-TUV 的审核认证，已被欧洲及国际上的一些主要买家认可并作为对供应商的控制及管理标准。此外，惠普公司于 2004 年牵头起草了有关电子行业供应链的社会环境责任政策《电子行业行为准则》（EICC），起到了敦促全球电子行业供应商在劳动、人权、卫生与安全、环境和道德等方面承担起管理与运营的责任的作用。

对股东基本责任的规定在众多公司法体系中已有较全面的体现。此外，国际金融公司于 2003 年制定的“赤道原则”可供参考。该原则关注金融行业对融资项目环境责任的管理，其宗旨在于建立一套自愿性指南，以保证在其项目融资业务中充分考虑到社会和环境问题，规定只有在遵守“赤道原则”的前提下，才能对其提供资助。❶

（二）实施产品定价伦理

1. 严禁价格欺诈

价格欺诈手法多端，诸如蒙、骗、欺、诈、虚、谎、假等，主要表现为以下几个方面。

第一，“谎”，谎称降价或将要提价。

第二，“虚”，虚构原价，虚构降价原因，虚构优惠折价。

第三，“骗”，诱骗，以高回报、高利息、高价值诱骗消费者投资，或以“全市最低价”“低于成本价”“营业转型”“亏本经销”等噱头引诱消费者上当受骗。

第四，“假”，以次充好，以假充真，掺假、掺杂。

第五，“欺”，短斤缺两，短缺数量，或产品质量与包装不一致，或数量、质量与价格不符。

第六，“诈”，不履行合同、协议中的价格承诺。

第七，“蒙”，利用消费者不了解产品质量、效用、效率、功率而夸大其词。这些都是不符合诚信伦理的，只有严禁价格欺诈，才能符合产品定价伦理。

2. 严禁暴利行为

暴利行为是企业通过向消费者索取超过所提供的产品和服务的合理价格的货币或实物偿付，获取超额的、不正常的利润。这种行为不仅严重损害了消费者的经济利益，而且助长了少部分人比阔斗富的不良风气，并为物价上涨、通货膨胀推波助澜，败坏了社会风气，已引起了一些大城市的关注，上海、北京、天津等地先后颁布了各自的“反暴利”法规。

3. 严禁价格垄断

价格垄断指处于垄断竞争条件下，少数企业率先开发出新产品进入市场，提供具有某种其他产品所不具备的特性的产品，具备向消费者索取高价的可能

❶ 刘庆雪，何仲坚. 论企业社会责任与市场竞争能力关系［J］. 企业经济，2005（4）：79-80.

性。由国家控制的垄断行业易产生垄断的价格行为，联合垄断更可以使企业不通过提高经营效益就带来超额利润。例如，楼市开发商的捂盘行为。

（三）建立产品质量安全保障体系

1. 加大监管力度，保证产品质量安全

消费者是企业关键的利益相关者之一，确保产品质量安全，建立产品质量安全保障体系，提升产品和服务的质量，是企业履行社会责任的必然要求。为保障产品质量和安全，必须加大监管力度，既要完善立法，严格执法，完善行业标准、产品质量标准，又要健全政府、民间“双监管”机制；要加快监管体系的完善，特别是消费者产品质量投诉、申诉系统的健全，提高产品质量监管效率；要将全国各类行业协会纳入产品质量监管体系，赋予其一定的权利与责任。

2. 强化市场引导，约束企业行为

①开展问题企业和产品的公示活动。对通过抽检和调查方式获得的存在产品质量安全问题的企业和产品信息进行广泛公示，让消费者充分认识到哪些企业和产品质量存在问题、有什么样的危害，从而防止消费者因再度购买这些次品而受到损害。公示制度应该具有多层次和多维度性，可采取国家和民间监管部门的网上公示、媒体报道和公示，以及各社区的宣传公示等方式。

②建立民众举报和打假的激励机制。要加大对违规企业的惩罚力度，建立产品质量安全举报奖励基金，同时注意保护举报人并对其信息进行保密处理等。

③加强舆论宣传，引导责任消费。

3. 加强企业自律，切实履行社会责任

①企业必须树立质量安全的质量责任理念，制定质量发展战略，建立全面的、全过程的、全方位的质量安全管理体系。

②建立内部的质量安全管理体系。

第三节 企业社会责任与员工

一、企业与员工的关系

我们可以将员工比作水中尽情畅游的鱼，而企业则是清澈的河水，水对于鱼的重要性就如同空气对于人类一样。假设鱼离开了水，还能自由自在地呼吸

和畅游吗？当然，水也同样离不开鱼，因为它能使河水变得更加清澈，这是自然界的生物链所决定的，一环连接着另一环，谁也离不开谁，一旦出现断裂，那么所有的环节都会受到影响，甚至是灭亡。那么，如何才能处理好员工与企业之间的关系呢？一般来说，企业聘请员工的主要目的是：创造赢利的武器；扩大投入人力资源的需要；寻求志同道合的事业发展伙伴。

此外，通常员工进入某家企业工作的主要目的则是获得可观的收入，保障自己的生活来源；积累经验，为以后的创业梦想构筑坚实的基地；获得更好的发展空间；实现心中的梦想，成就一番事业。

由以上两者各自的目的可以看出，无论是企业还是员工，其最初的起点都是实现各自的最大利益，然而这两者利益的来源则必须是企业与员工齐心合力所创造的价值。所以，如果从这一层面上来看的话，企业和员工之间实际上是一种互相帮助、互相合作的关系。因此，我们必须正确看待员工与企业之间的这种互惠互利的关系，也只有当两者之间的合作关系处于最佳状态时，才会创造出最大的利益。

尽管企业和员工获取利益的方向是相一致的，但拥有分配利润权的却只有企业。关于这一点主要是出于对风险和利益相随、投入和回报对应原则的考虑。在实现双方共同目标的过程中，企业与员工各自所要承担的风险并不相同，因而掌握的权利也必须有所区别。但是，因为这两者最初的起点都是实现各自的最大利益，于是在分配利润的过程中便会产生诸多的矛盾和不平等。由于企业与员工双方对利润分配体制都秉持着各自的看法，所以往往会产生一种难以理清的合作关系。比如，当利润分配不公平时，不少员工就会认定企业是在对其进行压榨和剥削；而当员工为此而闹情绪时，企业则会认定这些员工都是贪图享乐的人。

为了能够解决这种激烈的矛盾冲突，一种双赢思想逐渐受到人们的关注。顾名思义，双赢的意思也就是要使企业与员工双方都获得最大的利益，这听上去或许不可思议，但实际上却是行之有效的方法。譬如，在没有任何创业能力的前提下，通过企业所给予的条件和资源，员工可以通过努力工作来提升个人价值，而同时企业也会因为员工服务素质和工作能力的逐渐提高而获得飞速的发展。

二、企业对员工的社会责任

（一）员工关系伦理的建立

1. 员工关系伦理

具体内容包括：

第一，就业伦理。对于员工而言，应遵守个人品德、职业道德和社会公德，敬业爱岗，提高知识与技能；对于企业而言，应维护员工就业及工作稳定的权利，不能无故解聘员工，尽可能让员工长期工作到退休。

第二，公平报酬伦理。企业应维护员工取得公平报酬的权利，使员工获得合理的薪金以及休息休假的权利，超过工作日 8 小时的加班加点以及节假日上班，均应按规定给予合理报酬。要同工同酬，不歧视妇女，不用童工，尊重员工人格。同时，应以书面合同的形式把双方的权利与责任明确下来，使就业伦理、公平报酬伦理等伦理道德规范化。

2. 安全伦理

劳动安全不仅是法律的要求，也是伦理的要求。企业伦理必须包括安全伦理，其主要体现在以下几个方面。首先，安全第一伦理。企业不仅要营造安全的生产环境，更要关注员工个人因素，把握员工所经历的事物及其变量对其具体行为可能产生的影响，把握员工的政治素质与身心素质对其工作安全的影响等。其次，安全预防伦理。加强培训，提升员工防范和识别风险的能力；事先告知风险，特别是对于有职业危害的作业和特种作业；严格检查，杜绝事故隐患；定期体检，特别是对可能患职业病的员工进行定期体检，做到早发现、早治疗。最后，关注员工工作压力伦理。压力是一种影响人、制服人的力量，影响着员工的身心健康，发现后应采取有效措施进行缓解、疏导。

（二）企业对员工履行社会责任的要求

①禁用童工及强迫（强制）劳动。

②公平雇用和员工多样化。

③重视员工职业安全与健康。

④关心员工发展。

⑤重视员工关系沟通与管理。

⑥发挥工会的积极作用。

（三）企业对员工的社会责任义务

企业对员工的社会责任义务可以分为四个方面，具体如图 3-1 所示。

1. 对员工的法律责任

①劳资方面：应签订劳动合同并按法定劳动时间履行，日工作时间不超过 8 小时，每周至少有一天休息日。禁止招用童工，禁止强迫或强制劳动，禁止歧视。严禁骚扰与虐待，严禁体罚、殴打等。

②职业健康与安全方面：依法提供健康安全用具、设施。相关法律主要有

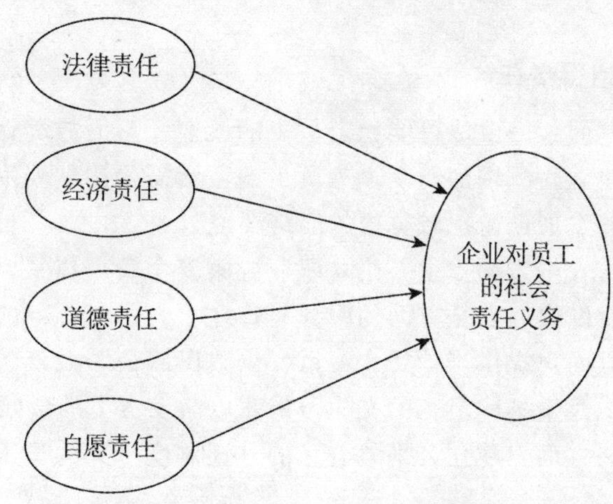

图 3-1 企业对员工的社会责任义务

《中华人民共和国安全生产法》《使用有毒物品作业场所劳动保护条例》《放射性同位素与射线装置安全和防护条例》《中华人民共和国劳动法》《中华人民共和国职业病防治法》《中华人民共和国尘肺病防治条例》《中华人民共和国妇女权益保障法》等。

③社会保障方面：主要包括依法参加各种社会保障体系，包括基本养老保险、失业保险、医疗保险、工伤保险、生育保险。

④培训与发展方面：既应提供国家规定的特殊岗位技能培训，也应开展多形式、多渠道的员工培训，以不断提升员工的职业素养和技能，为企业发展提供坚实的人力资源保障。

⑤工会方面：依法成立工会。

2. 对员工的经济责任

①劳资方面：企业不得克扣和无故拖欠员工工资，应按时足额发放工资、奖金和津贴及延长工作时间的报酬；按要求以货币形式支付住房补贴以及伙食补贴；保证中班、夜班、高温、低温、井下、有毒有害等特殊工作环境和条件下的津贴发放。同时，企业不得以学徒工、试用期等为借口，克扣员工工资。

②职业与健康方面：应有专项预算列支确保员工健康安全所需用具、设施齐全，购买劳保用品。

③社会保障方面：要按规定按比例缴纳各类（基本养老、失业、医疗、工伤等）社会保障费。

④培训与发展方面：制定预算，为员工的培训提供充足的经费支持。

⑤工会方面：既按规定为工会提供经费支持，也支持工会参与重大活动并

提供相应经费。

3. 对员工的道德责任

①劳资关系方面：一要尽可能稳定员工的就业，不无故辞退员工，使之工作到退休。二要建立薪酬增加制度，为员工的生活需要诸如养家糊口、子女教育与健康、员工的发展创造比较宽松的经济环境。

②职业健康与安全方面：主要建立职业健康安全管理体系，用于指导及实施企业在员工职业健康与安全方面的服务与管理。

③社会保障方面：提供当地文化习俗、少数民族员工及外国国籍员工文化习俗必要的福利，尊重不同员工的文化习俗，以激发员工的认同感。

④培训与发展方面：建立公平、公正的升迁制度，并为员工的培训提供充足的经费支持。

⑤工会方面：支持工会活动，保障工会在民主管理、重大问题决策参与方面的权益，签订集体合同等。

4. 对员工的自愿责任

总的原则是自觉自愿，但自觉履行及发展对员工的社会责任是企业一项不可忽视的、具有战略意义的、有效增强企业综合竞争能力及可持续发展能力的责任。如把降低健康安全风险作为企业社会责任的最高层次，引导员工科学理财，为员工进行职业生涯规划，开展学习培训，对员工生活中的困难提供额外帮助等。在工会方面，协助未建立工会的企业建立工会并与其分享支持工会工作的经验等。

（四）加强企业安全生产与企业防灾

1. 加强企业安全生产与防灾法制建设

①企业安全生产与企业防灾是两个不同但紧密联系的概念，是现代企业履行员工社会责任必须重视的问题。企业安全生产主要是指企业在日常生产过程中避免出现与生产有关的工伤事故。企业防灾是指企业在应对人力不可抗的灾害（如自然灾害）时迅速减少损失恢复生产的过程。我国虽然已出台了《中华人民共和国安全生产法》《中华人民共和国职业病防治法》等基础法规，但安全生产的法规体系性还不够强，相关配套法规和细则还不够健全，法律法规所涉及的内容还有待完善，职业安全与健康标准还不够健全，而且存在安全生产法规“执行不严，落实不力”“严不起来，执行不下去”的问题。一些企业负责人片面追求经济效益，无视有关安全法规的规定，对未经审核批准的新建、改建、扩建项目，擅自开工建设，将没有建设配套安全设施、不具备安全生产

条件的生产设施强行投入使用等。

②要构建安全生产法律体系，坚持以《中华人民共和国安全生产法》为核心，以安全生产的基本法律制度为骨架，致力于以下体系建设。一是伤亡事故调查处理类法规、规章。二是安全培训考核规章。三是安全投入考核类规章。四是重大危险源监督管理类规章。五是安全技术创新类规章。六是安全生产举报奖励规章。七是安全生产监督执法类法规、规章。八是救护法规。

③针对我国还没有专门的企业防灾法，已出台的一些防灾减灾的法律法规具有部门和行业特点，很不完善，难以达到综合减灾要求，应加快企业防灾立法的步伐。

2. 加强企业安全生产体制建设

虽然我国企业的安全生产方面已完成了一些制度和体制建设，如安全生产机构制度、工会监督制度、企业防灾救灾体制，但还远远不能满足形势发展的需要。为此，应加快以下体制、制度的建设。

①尽快完善监管体系，做好安全管理工作。一要建立安全监督管理人员的责、权、利对等制度。二要全面建立并实施 HSE（Health Safety Environment）管理体系，以实现事前预防、持续改进，通过建立方针目标、危害识别、风险评价等手段达到“零事故”。三要建立突发事故处置体系，制定事故应急预案，避免事故发生时手忙脚乱、不知所措，以减少事故中人员伤亡和财产损失。

②建立工伤保险制度。通过社会共济，达到风险分担的目的。要坚持充分利用工伤保险浮动费率及奖惩机制，约束用人单位的安全生产行为。

③加强对员工的安全培训。完善安全生产培训法规、标准，依法严格进行安全生产培训；坚持培训内容针对性、培训手段灵活性，强化安全培训效果的评价及落实。

④制定应急预案，坚持演练。预案由综合应急预案、专项应急预案和现场应急处置方案构成，明确本单位在事前、事中、事后的各个过程中相关部门、岗位和有关人员的职责。[1]

[1] 于洋. 企业安全生产标准化管理模式研究［J］. 中国安全生产科学技术，2013（12）：171-178.

第四节 企业社会责任与股东

一、股东的权利和责任

（一）股东的权利

1. 企业资产的所有权

任何形式的企业都是由所有者出资筹建兴办的，因而企业资产应由所有者拥有。非公司制企业所有者对企业资产应有经营、处分和配置权。公司制企业所有者虽未必有能以个人身份直接支配他已投入公司的资本，但可以转让其股票，同时可以通过一定的组织程序，参与公司企业的最终控制，从而能够在一定程度上保证其拥有该项权利。企业中的任何组织和个人，即使有较大比例产权的所有者，都必须尊重每一位所有者的该项权利，对所有者承担资产保值的责任，具有防止其不合理流失及保证其不受不法侵害的义务。

2. 对企业的控制权

权利表现为所有者制定企业使命、决定经营目标、实施经营策略以及亲自经营企业或委派、评价监督高层管理者等方面的权利。即使是一般投资者，也可以通过投票实施一定的控制权。

3. 享有剩余所有权

即取得从与其承担风险相应的企业效益中扣除用来支付各项主要要素报酬和投入品价格之后的余额的权利。作为所有者，谋利是其创办或投资企业的主要动机，因此他有权对各投入主体的各项投入的贡献进行监督，以有效防止各投入主体的“偷懒”行为；同时为了防止所有者规避责任，就只能使所有者对自己的监督行为及结果负责。拥有剩余所有权，对于企业而言，就是具有使企业资产增值的责任，保证所有者能够持续地得到与其所担风险相应的可靠回报，并建立起适当的机制防止其他利益群体不道德地侵蚀所有者的该项权利。在公司制企业中，股东按其股权比重获得股利并在股票升值中获得好处，故企业还有义务根据股东的偏好情况决定相应的股利方针，如低收入者和收入动机型机构投资者一般偏好现金收入，企业应保障现金股利的发放；对于高收入和成长型基金等投资者而言，更偏好资本利益，故应侧重从长远考虑将股利再投资，赢得更大的股票升值。

4. 其他权利

对于公司制企业的所有者——股东来说，还有获得企业经营情况方面的信息（财务、报告）和新股摊认权。其中新股摊认权是指企业为筹集资本而发行股票时，经企业董事会认可，赋予股东以分摊新股的权利，以防止股权相对分散，保护股东利益。股东还享有企业章程或者其他有关法规、规则规定的其他权利。

（二）股东的责任

1. 提供财务资源

企业之所以归所有者所有，归根到底就是因为他们是资金的所有者，是财务资源的供应者，这是企业所有者首要的、基本的责任，是决定其是否享有所有者权利的前提。

2. 对企业经营最终负责

所有者既然享有剩余控制权，就决定了其必然对企业行为的最终结果负责。对于非公司制非法人企业所有者而言，就是对企业债务负无限责任（有限合伙人除外），公司制所有者则以其认缴的股本对企业债务负有限责任，并有选择管理者的责任。

3. 所有者必须促进企业与有关的各利益主体保持协调的关系

把个人利益、企业利益和社会利益统一起来，使包括自已在内的各利益相关者在企业生存、发展中持续收益，从而共同推进企业和社会的进步。

4. 所有者还应有较强民族责任心和自豪感

包括不浪费社会资源，不损害公共利益，不违反国家政策、法规，按时缴纳税金，发展民族工业，增强经济实力等。

5. 法律、法规、企业章程规定的或企业其他利益相关者期望企业所有者承担的其他责任

股东作为企业的实际控制者，其权利和义务代表了企业股东有能力且必须是企业社会责任的承担主体。

二、企业对股东的社会责任

企业与股东之间的关系是企业内部最主要的关系之一。在现代市场经济社会中，由于证券市场的发达，股东的队伍越来越大，已经遍布社会各个职业和领域，企业与股东的关系逐渐演变为企业与社会的关系，企业对股东的责任也具有了社会性质。企业对股东的社会责任主要体现在企业依法对股东权利的尊重。法律规定是每一个企业所必须遵循的伦理底线，超过这个界限就成了企业不道德行为。企业违背了法律的规定而侵犯股东的权益，是对股东的严重不负责任。

（一）企业要尊重股东的知情权

《中华人民共和国公司法》规定：股东有权查阅、复制公司章程、股东会会议记录、董事会会议决议、监事会会议决议和财务会计报告，还可以要求查阅公司会计账簿。股东要求查阅公司会计账簿的，应当向公司提出书面请求，说明目的。

（二）企业要尊重股东的分红和优先认股权

《中华人民共和国公司法》规定：股东按照实缴的出资比例分取红利；公司新增资本时，股东有权按照实缴的出资比例认缴出资。但是，全体股东约定不按照出资比例分取红利或者不按照出资比例优先认缴出资的除外。

（三）企业要尊重股东的诉讼请求权

股东会或者股东大会、董事会的会议召集程序、表决方式违反法律、行政法规或公司章程，或者决议内容违反公司章程的，股东可以自决议做出之日起60日内，请求人民法院撤销。股东依法提起诉讼的，人民法院可以应公司的请求，要求股东提供相应担保。

董事、高级管理人员执行职务违反法律、行政法规、公司章程的规定，给公司造成损失的，股东可以请求监事会提起诉讼。监事给公司造成损失的，股东可以请求董事会（或者执行董事）提起诉讼。董事、高级管理人员违反法律、行政法规或公司章程的规定，损害股东利益的，股东可以提起诉讼。股东的诉讼请求权有助于维护股东的合法权益，保护投资积极性，增强投资信心。

三、股东利益视角下企业社会责任实施的路径

（一）建立社会责任报告制度

随着企业社会责任理念的传播和逐渐为人们所接受，社会各界对社会责任报告的可信度产生了更高要求，这就需要政府根据我国企业发展的实际情况制

定一套切实可行的社会责任报告审计标准，以随时对企业履行社会责任的状况进行规范和监督。其中，对于社会责任报告的审计主体、审计对象和审计范围等重要项目都要进行明确严格的规定，对审计方法和程序都应进行合理设计以防止审计疏漏和操作烦琐，并根据与内容相适应的原则不断进行修正和完善。这样，社会责任报告的审计将有据可依，企业社会责任报告的客观性和公信力也将得到进一步强化，从而形成规范化、制度化的长期效用。

（二）加强行业自律和行业监督

有关资料显示，我国行会组织的作用还未能得到有效的发挥，这一组织的巨大作用还有很大的发掘潜力。若能有效利用行会这个企业间的联盟组织来对企业的所作所为进行监督和制约，能在很大程度上减轻国家机关的负担。企业普遍在意行会的意见，因为作为一个团体组织，行会的决定往往是同行企业间利益的共同指向，如果未达到行会的规定，会面临着被同行排挤甚至退出本行业的危险。所以，在政府引导行会的前提下，利用行会进行自律和监督能够对企业的行为产生更实际的影响。

第一，制定相关的行业标准。国外企业社会责任实践表明，行业和企业组织通过制定自律性社会责任行为准则和标准，指导和约束本行业和组织内部的行为，是比较有效的方式。鉴于国外发展的经验，我国行业组织应当根据行业特点制定本行业的自律行为准则和相关的评价体系，特别是应突出行业实施社会责任的优先重点，以便于行业内各企业共同遵守实施。

第二，监督企业的经营行为，根据企业的行为采取不同的处罚措施。以行业的自律标准和评价体系为基础，建立企业信用档案和记录，通过协会章程明确地加以规定，如果发现成员单位有违反规定的不道德经营行为，就可以采取警告、处分、开除出会等措施，并将其公之于众。在这一做法中，行业内占有最多份额的市场领导者肯定受益最多，因为行业内恶性竞争对其损害最大，所以其最有积极性。对于会员单位而言，协会外企业的不道德竞争行为将不会对协会成员的信誉产生恶劣影响，消费者逐渐会认识到协会会员单位有更好的信誉保证。同时，为了获得消费者的信赖和自身的经济利益，非会员单位这时也会要求入会，主动停止不符合行业规范的企业经营行为。因此，充分发挥行业协会的监督作用，将更加有利于促进企业社会责任的实现。

（三）培育优秀的企业社会责任文化

企业文化是企业生存和发展的精神支柱，是企业价值观的集中体现，是企业的灵魂所在。企业文化影响企业行为，优秀的企业文化是企业软实力的重要表现，能够吸引和凝聚优秀员工，赢得供应商和消费者青睐和政府支持。培育优秀文化就是培育富有社会责任观的企业文化，用企业文化来推动企业社会责任的履行。企业文化能否建立健全，很大意义上归结于企业能否形成自己的核心价值观。核心价值观作为企业领导人内心最深处的是非判断和善恶取舍，是企业未来行为方式与业务导向的最根本指引。企业核心价值观最初需要发挥企业家的核心作用，企业管理者即企业家的人格在企业文化体系中起着核心作用。大量事实表明，作为企业道德人格核心的企业家人格是影响企业成长和发展的决定性因素，也是影响企业承担社会责任的重要因素。所以企业文化的关键之处在于企业领导人的以身作则。当前，我国企业家大都是改革开放以后成长起来的，成长时间较短，加上受历史文化的影响，大部分企业家人格不够完整，道德素质低下，缺乏人本管理意识和诚信品质，价值观和社会责任感存在偏差，影响了企业家在企业文化形成中关键作用的发挥。

（四）提倡多元利益主体参与企业社会责任实施

多元利益主体参与企业社会责任实施可借鉴《上市公司治理准则》设立独立董事以保护中小股东合法权益的做法，在企业董事会中设立社会责任独立董事，以确保企业董事会做决策时能够顾及利益相关者的利益。对于何种企业应设立社会责任独立董事，可由《中华人民共和国公司法》根据企业的规模以及对社会的影响程度做强制性规定。为了确保社会责任独立董事的独立性，社会责任独立董事不应由企业股东会直接聘任，而应由政府部门牵头建立社会责任独立董事协会或类似组织，会员由律师、会计师、环保专家或其他专业人士组成；达到一定规模的企业由行业协会直接指派社会责任独立董事。企业的社会责任独立董事代表利益相关者的利益，可不对企业股东会负责，只对社会责任独立董事协会和社会负责。独立董事一般包括消费者董事、环保董事、所在社区董事等。

多元主体利益代表董事可以以独立董事的身份进入董事会，他们对执行董事提交的决议进行审查，看其是否损害社会利益，有权要求执行董事就提交的决议做出详细说明，决议最后由全体董事投票决定是否通过。由于社会利益代表董事在董事会中占一定票数，能解决内部人控制问题，可以有效防止有损社会利益的决议得到执行。

第五节　企业社会责任与政府

一、政府推动企业社会责任行为的必要性分析

古今中外，不同国家政府的职能有所不同，学者笔下的理想政府的职能也存在差异。然而，几乎所有国家的政府或者所有学者笔下的理想政府都有一个共同的职能——社会管理职能。具体来说，政府的社会管理职能主要包括如下几个方面：

第一，提供公共物品和服务；

第二，进行市场监督，保障市场运行通畅；

第三，保护生态环境和自然资源；

第四，保障人民的生命财产安全，维护宪法和法律的尊严等。

（一）市场失灵的常态性导致企业行为需要政府的干预

从理论上讲，完全竞争市场是资源配置效率最高的市场形态，“看不见的手”能够自动引导资源配置达到帕累托最优。然而，完全竞争市场实际上仅仅是一种理论形态，在现实生活中几乎不存在，就像物理学中的光滑平面一样仅仅是一种理想状态。完全竞争市场的前提是市场上有无限个买方和卖方，买卖双方都是价格的被动接受者，价格仅由市场决定，产品同质，没有进入或退出壁垒，信息完备，人具有完全理性。以上诸多前提几乎没有一个与现实经济中的情况一致。因此，由于前提条件无法满足，市场机制自身无法实现帕累托最优，换句话说，市场失灵总是存在的。一般来说，导致市场失灵的因素有垄断、外部性、公共物品和公共资源、信息不完全和不对称等。市场失灵的存在使市场机制无法实现资源的有效配置，企业作为市场的参与者，在追求个体理性时可能会以牺牲集体理性为代价，这就为政府推动企业履行社会责任提供了前提。❶

（二）政府的公共管理职能包括对企业行为的干预

根据委托代理理论，政府是社会公众的代理人，当委托人（社会公众）利

❶ 钟田丽，弥跃旭，王丽春. 信息不对称与中小企业融资市场失灵 [J]. 会计研究，2003 (8)：42-44.

益受到损害时，代理人应该站出来维护委托人的利益。当企业不履行社会责任时，作为社会公众的利益相关者的利益就会受到损害。例如，员工被迫隐性加班或者在存在安全威胁的场所工作；企业人为降低排污标准，肆意污染环境；采取贿赂手段出售或采购商品，弄虚作假，搭售商品，强买强卖，编造不实信息污蔑竞争对手等不正当竞争行为；制造和销售假冒伪劣或存在安全隐患的产品等。这些社会责任行为缺失的现象与政府的社会管理职能背道而驰，因此政府有必要采取措施迫使企业履行社会责任。王丹和聂元军认为政府作为企业重要的利益相关者，其对企业社会责任的强化作用十分重要，政府应该通过法律法规、政策、统一的责任标准体系以及强化监管等手段来推动企业社会责任建设。政府推进企业社会责任的角色见表3-1。

表3-1 政府推进企业社会责任的角色

政府角色	政策工具
规制者	责任方法、技术标准
推进者	建立组织、研究交流、推广引导、信息披露、责任采购、责任投资、激励机制
监督者	责任审计、责任标签、信息备查

二、政府规制企业社会责任的手段

规制（Regulation）有时也会成为管制，是指采用一定的规则对特定的个人或组织的活动进行限制的行为。政府对经济的规制起源于对自由放任经济下市场失灵问题的矫正。维斯库西（Viscusi）等学者认为规制是政府以制裁手段，对个人或组织自由决策的一种强制限制，政府的作用主要表现在强制力上，政府规制的过程就是运用强制力限制经济主体决策目的的过程。公共利益理论认为市场存在失灵，政府规制的目的就在于矫正市场失灵，弥补市场缺陷造成的效率损失，增加社会总福利。政府对企业的规制就是通过法律、法规对企业的社会活动进行约束和限制，以防止企业活动给其他组织或个人带来严重的损害，矫正市场失灵，优化资源配置。实际上，政府对企业的规制过程，就是一个迫使企业履行社会责任的过程。按照笔者对社会责任的界定，政府对企业社会责任行为的规制主要是社会规制，即规制企业的机会主义行为和外部不经济行为。钟宏武等学者认为责任立法和责任标准是政府规制企业社会责任行为的两种主要手段，本书认同这种划分方法。

（一）企业社会责任立法

《中华人民共和国公司法》和《中华人民共和国合伙企业法》虽然规定了企业必须履行社会责任，但并未指出企业社会责任的具体含义，也没有描述或列举企业应当承担的具体义务，只是做了条款式的一般规定。我国当前对企业社会责任的立法主要是义务列举模式，义务列举模式即企业社会责任被具体化为企业对社会负责的一系列行为或任务。例如，我国对企业社会责任的立法主要体现在《中华人民共和国产品质量法》《中华人民共和国消费者权益保护法》《中华人民共和国劳动法》《中华人民共和国劳动合同法》《中华人民共和国环境保护法》《中华人民共和国公司法》等法律中。

我国与企业社会责任相关的法律规范文件框架如图 3-2 所示。

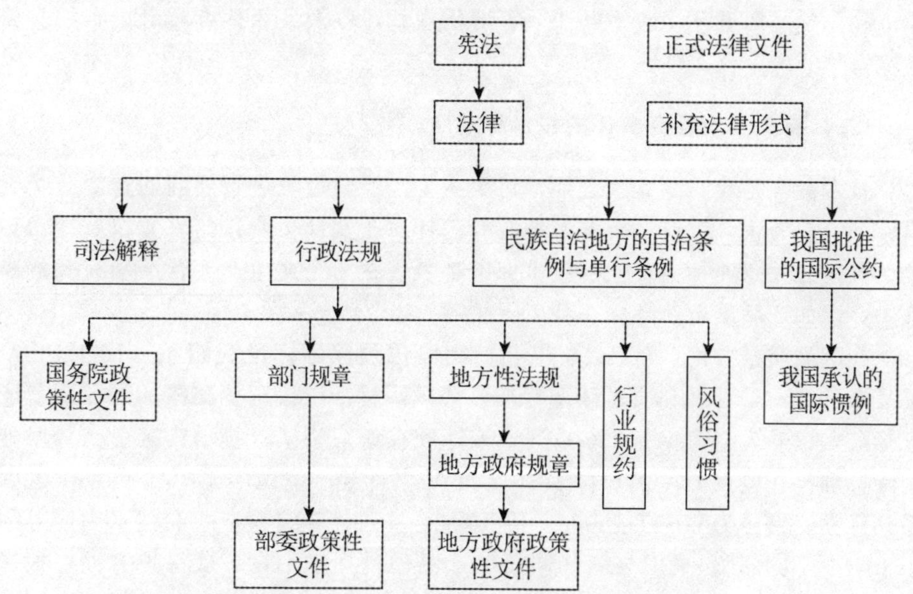

图 3-2　我国与企业社会责任相关的法律规范文件框架

在劳动权益保护方面，《中华人民共和国劳动法》《中华人民共和国劳动合同法》《中华人民共和国劳动者权益保护法》等相互配合力图调整劳动关系，建立并维护适应我国社会主义市场经济的劳动制度的法律文件相继出台。在安全生产方面，目前我国出台了《中华人民共和国安全生产法》，还颁布了大量政策性文件、部门规章和地方性法规，初步建立起以《中华人民共和国安全生产法》为核心的企业安全生产法律体系。在消费者权益保护方面，主要有《中华人民共和国消费者权益保护法》《中华人民共和国食品安全法》《中华人民共和国药品管理法》《中华人民共和国国际标准化法》等；涉及消费者权益保护的行政法规有《中华人民共和国食品安全法实施条例》《国务院办公厅关于加强食品等产品安全监督管理的特别规定》《中华人民共和国产品质量认证管理条例》《价格违法行为行政处罚规定》《制止牟取暴利的暂行规定》等；涉及消费者权益保护的地方法规有各省、市、自治区颁布的消费者权益保护条例等；涉及消费者权益保护的部门规章有《合同违法行为监督处理办法》《商品量计量违法行为处罚规定》《产品质量申诉处理办法》《工商行政管理机关受理消费者申诉暂行办法》等。在环境保护方面，有《中华人民共和国环境保护法》《中华人民共和国水污染防治法》《中华人民共和国大气污染防治法》等法律，《危险废弃物经营许可管理办法》《排污费征收使用管理条例》等行政法规，《病原微生物实验室生物安全环境管理办法》《污染源自动监控管理办法》《废弃危险化学品污染环境防治办法》等部门规章，以及各级地方政府颁布的有关环境保护的政策性文件。

（二）有关企业社会责任的技术标准

技术标准是政府除立法之外，对企业生产经营过程进行规制的重要政策工具。到目前为止，没有一个国家拥有专门针对企业社会责任的官方权威技术标准。各国有关企业社会责任的技术标准都表现在与企业生产经营活动有关的事务中，诸如产品质量、环保、劳工保护等。

在产品质量方面，从 1988 年起，我国仿效国际标准化组织（ISO）1987 年发布的《质量管理和质量保证标准》等国际标准，编写了我国的产品质量国家标准，编号为 GB/T 10300 系列，该标准在编写格式、技术内容上与当时的国际标准存在较大的差别。自 1993 年 1 月 1 日起，我国实施等同于 ISO 9000 系列标准，编号为 GB/T 19000－ISO 9000 系列，其编写格式和技术内容等同于 ISO 9000 系列，采用与国际同轨的产品质量标准。在环境保护方面，我国政府针对各行各业的生产过程制定了详尽的环境保护国家标准，包括《建筑施工场界环境噪声排放标准》《橡胶制品工业污染物排放标准》《环境监测质量管理技术导则》等。在劳工保护方面，我国的劳工保护标准主要体现在我国批准的国际劳工公约中，目前我国批准的《农业工人的集会结社权公约》《就业政策公约》《1958 年消除就业和职业歧视公约》《对男女工人同等价值的工作付予同等报酬公约》《本国工人与外国工人关于事故赔偿的同等待遇公约》等包含了“结社自由”“消除就业歧视”“废除强迫劳动”等内容。

三、政府对企业社会责任行为的影响

（一）设置专门机构推进企业社会责任

部分发达国家积极参与到企业社会责任的推进工作中，这些国家的政府还专门设立了推进机构。英国政府于 2000 年在贸易和工业部门专门设立了主管推进企业社会责任事务的大臣，统一协调政府推进企业社会责任的工作。2005 年，英国将该职位提高到国务大臣。目前，我国部分地方政府也积极投入推进企业社会责任的工作中。

（二）开展企业社会责任研究，寻找推动企业社会责任的合理建议

企业社会责任的推进工作是一项复杂的工作，需要调整利益相关者之间的利益分配，推动难度较大。为此，各国政府在推进企业社会责任时，对企业如何履行社会责任开展了广泛的研究工作。英国政府非常重视对企业社会责任的研究工作，并在此基础上于 2001 年发表了《企业社会责任政府报告》，同时开展了三项主要针对公共、民营和 NGO 的调查研究，其目的在于提高企业社会责任的潜在经济附加值，推动中小企业关注社会问题，履行社会责任。“德国联邦 CSR 行动计划”认为政府介入企业社会责任的领域应该包括“推动教育、培训和科研领域对企业社会责任有关问题进行研究分析”。

我国政府也非常重视企业社会责任的研究。2008 年 2 月，中国社会科学院经济学部成立企业社会责任研究中心，该中心是我国企业社会责任领域唯一的国家级研究机构和最高理论研究平台。该中心针对企业社会责任的理论与实践问题进行广泛的研究，定期发布《中国企业社会责任蓝皮书》《企业社会责任报告白皮书》，计算具体企业在一定时期内的企业社会责任指数并进行排名。2007 年 8 月，国务院国资委研究室发布了《中央企业社会责任研究课题报告》，该报告系统分析了企业社会责任的概念内涵及相关理论，梳理了中央企业社会责任的现状和存在的问题，为之后国资委出台《关于中央企业履行社会责任的指导意见》提供了依据。

（三）举办企业社会责任活动，提高企业社会责任意识

企业家必须有企业社会责任意识，才能将其体现在企业的生产过程中；社会公众必须有企业社会责任意识，才能不断加强对企业社会责任行为的传播和监督。政府利用自身资源，开展各类企业社会责任论坛、研讨会等，有利于社会各界交流探讨企业社会责任的理念，培养企业的社会责任意识。2006 年，中

国纺织工业协会与欧盟企业社会总司主办的“中国—欧盟企业社会责任论坛”在我国广东虎门、福建石狮、浙江海宁相继召开，论坛的主要内容包括“提高社会责任意识、实施社会责任的法律基础以及地方实践和国际经验的交流探讨”。自2005年起，由国务院侨务办公室、《中国新闻周刊》杂志社指导的“中国企业社会责任国际论坛”每年召开一次，迄今为止已经连续成功举办16届。该论坛主要倡导“责任创造和谐”的价值观，旨在推动企业社会责任理念在中国的普及和发展，致力于寻求可持续发展的社会经济创新模式。

（四）推动企业社会责任信息披露，促进社会监督

企业运营的透明度直接影响到社会公众对企业行为的监督，各国政府在推进企业社会责任时都强调企业社会责任信息的披露。2006年，全面改革后的英国公司法规定，公司应该在社会报告中披露有关环境保护、职工福利、慈善捐赠和人力资源等信息。德国政府为了增强企业透明度，让社会公众更加了解企业社会责任，在政府官方网站上披露了大量有关企业社会责任的信息。该网站融合了企业社会责任的信息以及德国联邦政府各个部门的参与情况。我国发布的《关于中央企业履行社会责任的指导意见》鼓励中央企业发布企业社会责任报告，披露企业社会责任信息，在2009年召开的中央企业社会责任工作会议上明确规定中央企业必须在3年内发布企业社会责任报告。

（五）出台激励措施，鼓励企业履行社会责任

在推进企业社会责任时，政府可以采用适当的激励措施，使企业的逐利行为与社会责任行为相容。笔者认为政府的责任采购是主要的企业社会责任激励措施。虽然《中华人民共和国政府采购法》中并没有使用“企业社会责任”的概念，但该法的某些条款实际上已经涉及了企业社会责任的理念。例如，第九条规定，“政府采购应当有助于实现国家的经济和社会发展政策目标，包括保护环境……”；第二十二条在设定供应商条件时，要求供应商“具有良好的商业信誉，有依法交纳税收和社会保障资金的良好记录”。

四、企业对政府的社会责任

政府作为社会管理者，为了保障社会经济生活的健康、有序运转和经济生活的稳定，对企业实施宏观管理，为企业发展提供良好的服务是完全必要的。企业与政府的关系是社会组织结构中的重要层次，在不同的制度体制下，企业与政府的关系不同，企业对政府履行的责任也不同。在过去的计划经济体制下，企业不是具有独立经济利益的经济主体，而是绝对服从政府、依赖政府的

附属物，企业完全以执行政府计划命令的形式承担责任，企业也根本不存在自行履行社会责任的物质基础，企业即使履行一些社会责任，也完全是在政府的指令下进行的。在现代市场经济体制下，企业成为市场主体，是具有独立经济利益的法人，政府对企业的关系由过去单纯的绝对管理与控制转变为监督、协调和服务。企业对政府履行社会责任的形式也发生了根本变化，这主要体现在以下几个方面。

（一）合法经营、照章纳税是企业对政府承担的根本责任

政府是社会的管理者，包括对社会经济活动、企业经营活动的宏观管理。政府对经济活动管理的目的之一，就是通过法律手段，有时甚至是行政手段，监督、检查企业的经营活动，保证企业合法经营，维护社会的良好经济秩序。因此，企业接受政府的宏观管理，坚持合法经营，实际上就是在对政府承担一种责任。

政府作为社会管理者需要行政管理开支，政府作为社会利益的代表者需要进行各种形式的各方面的社会利益建设投资，企业是社会财富的创造者，是政府财政的源泉。因此，企业依法纳税是对政府承担的根本责任。

（二）增加就业、稳定市场是企业对政府承担的重要责任

实现充分就业是政府宏观调控的基本目标，稳定市场也是政府宏观调控的基本任务。企业是吸收劳动力就业的最主要途径，企业增加就业必然也就成为实现政府充分就业目标的最主要途径。市场稳定的主要标志是供求关系比较稳定、物价总水平比较稳定等。企业是专门为市场提供产品和服务的经济组织，市场是否稳定，与企业的生产经营管理有直接的关系。因此，企业加快发展，努力增加就业，为市场提供更多更好且价格合理的产品和服务，是企业对政府承担的重要责任。

（三）参与社会公益事业是企业对政府承担的社会责任

政府是社会利益的代表者、管理者和投资者。政府公共财政的一部分用于社会公益事业、福利事业、慈善事业、帮助弱势群体、扶持贫困地区等。因此，企业应该积极参与政府组织的公益事业等社会活动，为社会造福，为政府分忧，对政府承担社会责任。

第四章 经济法视角下企业社会责任的基础理论

第一节 企业社会责任与法律对企业角色的重新定位

企业角色的不同定位反映和折射着人们的不同社会观。例如，如果你是一个传统企业理论的信奉者，你会坚持认为企业的目的或作用是唯一的，就是实现其利润最大化以确保股东福利最大化，你不会认可企业对股东以外的其他企业利益相关者负有责任的观点。与此相反，如果你是一个功利主义者，你会认为企业的适当目的或作用是促进全体福利或幸福最大化，你不会接受企业的唯一效用是片面地使股东利润、消费者利益或者任何其他特定集团的福利最大化的主张。作为一个功利主义的立法者，你会坚决要求考虑企业对受其影响的各个群体的最终作用。比如，如果各企业普遍使其消费者的福利最大化却损害其他群体的福利，你将希望了解是否有某一重新安排事物的途径，以使利益与损害相抵的剩余额最大化。由社会观所预定的企业角色观显然与企业社会责任有着直接的牵连。从一定意义上讲，企业的角色与企业社会责任所涉及的内容是相同的。这也正是人们经常将企业的角色定位纳入企业社会责任的分析框架之中，或者在讨论企业角色时涉及企业社会责任问题的原因所在。

企业的角色定位又是一个决定着企业理论模式和企业制度构架的重大问题，亦是备受人们广泛关注的一大热点。在传统和主流企业理论中，企业被赋予的角色是单一的，即企业的目的或作用在于谋求与实现利润最大化。至于企业对道德（或伦理）的遵循，尤其是就企业在追求利润目标时对其非股东利益相关者的影响及其福利的增进，传统和主流企业理论则基于经济学一贯奉行的“道德中立”和效率等原则，在进行企业角色定位时将其贬斥到次要地位，甚至从根本上拒绝将其纳入考量，只要符合效益标准，企业的行为便有正当性基础。与作为经济学构成部分的企业理论不同，法律作为规范人类行为的基本准则，与道德有着天然的联系，它源自道德，反映道德，并确认和保障着一定社会最起码的道德。法律对道德的关切，意味着它在企业角色定位上较经济学的企业理论更能考虑企业行为对社会中所有利益集团的影响。但值得注意的是，法律将股东和非股东利益同时置于企业角色之下进行关照，这仅仅是法律的一种可能和应然状态，其实然状态如何，即股东的和非股东的利益是否真正同等地受到重视，则是另外一个问题。

事实上，考察各国传统的企业法，不难发现，就总体而言，其在企业角色的定位上无不体现出传统和主流企业理论的企业角色观，使得以一元主义的利润最大化为企业目的的思想受到普遍遵从。诚然，利润最大化作为企业的唯一目的并不一定直接规定在法律中。例如，在美国，公司得以特许设立的州商事公司法，一般并不明确说明商事公司的目的是营利或使股东利润最大化，当法规提到公司目的时，它们通常是指公司的经营类别。但利润最大化是企业唯一目的的观念无疑是构建企业法和指导企业司法实践的准绳。诚如美国公司法专家克拉克（Robert C. Clark）教授所揭示的那样，一般的利润最大化目标总是被法院和律师采用，而且有时法律权威机构把该一般目标用作裁决的基础。此外，成文法和判例法对董事和高级职员注意义务的表达可以容易地被理解为含有把利润最大化作为根本目标的意思。尚需说明的是，传统企业法尽管以利润最大化为唯一目的而构造，但不可否认其对企业的非股东利益相关者给予了一定程度的关注。对于企业债权人等企业的重要利益相关者，人们甚至可以从传统企业法中毫不费力地找到诸多保护其权益的直接或间接的规范和制度。不过，传统企业法对非股东利益相关者的关注，与其说是为了实现非股东在企业中的利益，不如说是为了确保企业和股东的最大化利润所做的一种调和。股东作为目的、其他利益相关者作为手段的传统格局并不因此而有根本性的改变。

传统企业法认为，利润最大化是唯一一个可以操作的企业目的。因为一个像利润最大化目标那样的单一而客观的目标，比一个像调和所有受影响者利益的公平合理这样的多元化的模糊目标更容易监控。例如，判断一个公司经理是否在做他被认为应该做的事比判断一个大学校长是否在做他被认为应该做的事要容易得多。既然股东确实有一些有效的管制办法（如代理人竞争、要约收购、派生诉讼等），那么更有效的监控就意味着企业经理将受到约束，变得更负责任，他们更有可能去做他们被认为应该做的事，并且做得卓有成效。

传统企业法的上述企业角色观贯穿于20世纪初以前的企业制度，是企业司法实践中的主旋律。在当今的企业法理论、企业立法和企业实务中，其依然不失为主流和正统。但自20世纪30年代以来，伴随着企业社会责任思潮的日益兴起，此种企业角色观受到了严峻的挑战。企业社会责任的倡导者指责一元主义的利润最大化的企业目标太偏执，认为此目标有认可“贪婪是好的”这一荒谬判断之虞，主张以利润目标和公益目标相结合的二元主义企业目标替代单一的利润最大化企业目标。

企业社会责任观对于传统经济理论中所谓公益目标可于利润的无限追求中自然达成的判断深表怀疑，认为这是一种不切实际的幻想。基于对公益的关注以及对企业在逐利中践踏公益的现象，企业社会责任观要求将企业的公益目标提升至与企业的利润目标相平行的位置，以此彰显和强调企业公益目标的重要性，提高企业对公益目标的重视程度。例如，如果企业都自愿遵从反垄断法，那么更多的经济交易盈余就会流向消费者而不是流向策略性安排的投资者、经理人和雇员群体；如果企业都自愿遵从环境法，那么现代商事活动产生的严重负外部性就会在很大程度上得到削减；如果企业都自愿遵从工作场所安全制度或产品检测制度，那么现代商事活动对雇员或消费者的潜在危险就可以大面积地被消除；如果大部分企业及其经理在大多数时候都以对社会负责的方式行事，则整个社会就会提高其对企业合法性的评价。

很明显，企业社会责任所包含的这些思想及其立论基础，可谓真知灼见。现实地看，企业社会责任的反对者迄今未能对它们做出强有力的反驳。对于此等旨在树立法律的权威和人们对法律的信仰的建设性思想，法律本身没有理由不加以采信。企业社会责任的上述思想在守法方面赋予了企业积极的角色，法律的主要任务在于为企业在社会中扮演这种角色提供激励或促进机制，以最终达到企业的利润目标与公益目标的良性互动。然而审视传统企业立法可知，该种机制还存在明显不足。

对此，克拉克教授曾有过一针见血的揭示。他指出：“公司经理和代理人总是试图为其不遵守管理法规的行为文过饰非。他们抱怨，是对股东的信托义务高于一切的信条促使他们这么做的。”对于不遵守法律者的这种狡辩，克拉克认为：“我们应抱怨的不是公司法——公司法肯定没有命令他们为了使股东更富有而去破坏其他的法律——而是如果他们不钻法律的空子，他们就可能会面临被这样干的更大胆的经理所取代的不幸事实。”循着克拉克的思路，我们不妨进一步诘问：对于规避法律的机会主义现象，我们固然不应归咎于传统企业法或公司法，但为了尽量减少自愿守法者被投机违法者所取代的不幸事件，我们能否对传统企业法律制度做出改革，以营造一种褒善贬恶的法制氛围，确立一套能动护法的企业（公司）治理机制呢?

传统经济学对企业的利润目标给予极端化的张扬，以至于只承认企业负有最低限度的法律义务，甚至对那些为了利润目标而怠忽法律、牺牲和践踏公益的企业行径也表现出高度的宽容。在此种企业角色观下，连法律对非股东利益相关者提供的起码保护都难以维持，遑论为企业在法律之外积极、主动地考虑非股东利益相关者的利益留下适当的空间。企业社会责任所包含的这种企业角色观还进而引出了另一个法律上的议题——非股东利益相关者参与企业决策的正当性问题。就总体而言，企业社会责任的倡导者往往会支持这种可以促进非股东利益集团参与企业决策的变革，其中最常见的方案是像在许多国家所实践的那样，把职工代表安插在董事会。少数激进的人士还竭力主张把企业决策的参与权进一步分配给更为广泛的利益集团。

上述倡导企业主动以高于法律的标准将非股东之权益纳入考量的企业角色观，主要基于以下四个判断。

第一，它利于企业远期利润的增进。

第二，它能够在一定程度上克服政府不足。

第三，它有助于分散政府的权力和责任，并因此降低大规模滥用权力的可能性和促进参与式民主。

第四，它可以实现对非股东利益相关者的公正对待。

让企业以高于法律的标准关注非股东利益的企业角色观受到了传统理论信奉者的猛烈抨击。例如，有人认为，若此种企业角色观得以实践，企业将为此付出巨大的成本，并因此而损害效率。一个明显的例证是：如果企业基于对员工、社区居民等方面利益的关照而同意不关闭一家效益不佳的工厂，那么就必然使得资源滞留于无经济效益的项目上。实际上，它可能最终还是不得不关闭这家工厂，让工厂继续营业是不可能奏效的，因为企业经理缺少考虑非股东利益相关者利益的自觉性，不过是在做代价高昂的拖延。还有人断言，这种企业角色观基本上不能制订出范围广泛的社会目标，相反，缘于并购市场、经理市场和产品市场的激烈竞争以及股东派生诉讼（或股东代表诉讼）的威慑，加之股东通常不会允许为了其他群体的利益而牺牲自身利益，理性的企业经理也只有谋求利润最大化，方可立于不败之地。就现实而言，亦有人觉得，一些国家尝试推行的职工董事制，也并未取得其倡导者所预期的明显效果。另有人担心，如果这种企业角色观付诸实施，那么可能会使许多非法的政府形式合法化，导致大量经过伪装的寡头政府出现，并且，随着成千上万的微型政体（即获得广泛权力的商事企业）独立地制定公共政策，总体公共政策将呈现严重不一致和不协调的纷乱状况。对企业在法律之外考虑非股东利益相关者利益的高度理想化的企业角色观所存在的上述争议，阻碍了企业于决策和行动时权衡各方利益的法律环境的营造，因此，与自愿守法的企业角色观相比，这种高度理想化的企业角色观迄今尚未在各国大规模地加以尝试。但不可否认的是，伴随着企业引发的社会问题的日渐突出以及传统立法在解决此等问题上所表现出的不足，高度理想化的企业角色观仍然获得了越来越多人的认同。正如克拉克教授所总结的那样，对于高度理想化的企业角色观，“尽管有这么多异议，还是应当强调，没有人确切无疑地认定，按照高度理想主义的某种主要说法加以改造的公司，无法提高我们社会的整体福利”。这就意味着，企业社会责任所暗含的高度理想化的企业角色观以及依此而对企业行为做出调适，并非不具有任何合理性。

现在的主要问题是，面对确立和贯彻高度理想主义的企业角色观之呼声，我们如何如克拉克所说的那样，按照高度理想主义的说法去改造企业。笔者以为，按照高度理想主义的说法改造企业，与其说是以高度理想化的企业角色观为标准改造企业本身，不如说是依照高度理想主义的企业目标改造企业运行的法制背景。应当承认，企业于其决策中以高于法律的要求考虑非股东利益相关者的利益乃企业道德责任，但对这种有利于提高我们社会整体福利的政策取向，法律绝非无能为力。例如，针对某些重要的企业道德责任，我们可否像一些国家对待职工参与那样，逐步将其纳入法律调整和法制保障的框架，以使这些道德责任法律化？对于高度理想主义的企业角色观在实践中必然遇到的自发集体行为的常见困难，比如“搭便车”和“囚徒的困境”等问题（在实践自愿守法的适度理想主义的企业角色观时，亦会遇到此等问题），我们能否通过法律上的制度设计，从而为怀着高度理想的企业管理者平衡企业的各方利益并给予激励与保护，为按高度理想主义运作的企业提供生存与发展的适宜土壤，以尽量避免有社会责任感的企业及其管理者被唯利是图者所淘汰的无情事件？此外，尤其值得提及的是，企业社会责任的反对者担心，若高度理想化的企业角色观付诸实践，可能引发一系列的负面效应。冷静地看，这方面的疑虑并不是杞人忧天。对此，我们能否在按照高度理想主义的企业角色观改造企业的同时，充分倾听和考虑不同的声音，以使我们的企业法律制度尽可能地接近完美——尽管我们也许永远无法达到真正的完美。对这类问题，笔者持积极肯定的态度，并认为它们是企业社会责任为我们提出的未来必须面临和解决的法律课题。

传统经济学基于公私领域的严格二元划分，主张对企业和政府的功能做出明确的界定。依此观念，企业的职责在于尽可能地谋取经济利益，以实现股东投资回报的最大化，并最终达至全社会福利的最大化。政府的作用主要限于防务、消除市场缺陷和公共产品的提供等方面的问题。

企业社会责任所包含的企业角色观主要建立在以下两个认识论的基础之上。首先，商事企业较诸政府部门潜藏着更多的专门技术和更高效的管理技能，可以在解决社会问题和提供社会服务上发挥巨大作用。同时，作为私人单位的商事企业比政府机关的官僚体系更易受市场竞争因素的影响和约束，让其参与社会事务，能够获致政府部门不能企及的明显的效率成果。其次，通过立约使企业提供公益服务，尽管可能会威胁到社会某些成员业已建立的势力范围，但它将最终缓解社会各阶层的紧张局势。政府以契约的方式将其部分社会职能分解给企业担负，使企业在公益活动中扮演着积极的角色。实践表明，此种内部化和外部化相结合的政府公共行为实施机制，在各国取得了明显的成效。然而不容忽视的是，立约提供公益服务亦面临着一系列亟待解决的问题。

第一，在既有的企业法律框架中，这种公共政策的推行形式尚未获得明确、正式的表达。以美国为例，对于立约提供公益服务，公司法既不鼓励也不限制。这一状况使得企业参与社会事务缺乏充分的法律根基。

第二，立约提供公益服务绝非意味着企业在公共事务的参与中可以越俎代庖，包揽只能由政府履行的职责。为此，于公共事务而言，何者可委予企业，何者为政府应保留的项目，必须有法律的清晰界定。但审视各国立法，这种界定并不多见，造成了立约提供公益服务中的随意性和混乱状况。

第三，立约提供公益服务的私人企业追求的是利润最大化，它们可能置非经济性的价值和政策于不顾，对公益服务敷衍了事。例如，有一所以营利为目的的私立学校，当地政府与其达成协议，约定由政府以每年学生升级人数为准对其进行资助。在这种情形下，这所学校可能会在添置图书资料和培养学生的综合素质方面马虎行事，而且有可能拒绝接收无培养潜力或者将成为差等生的入学申请者，因为这将影响到这所学校的经费收入。

鉴于此，如何建立立约提供公益服务的激励和监督机制，乃是一个迫切需要解决的问题。事实上，这些倾向可以由明确的法规加以控制，尽管这样会产生一定的法律成本，也无法克服所有矛盾。因此，伴随着立约提供公益服务的推行，相应的法律保障机制亦不可偏废。以上三方面的问题，同样是企业社会责任引致的企业角色转换中所提出的重大法律课题。

第二节 经济法与企业社会责任的契合

一、企业社会责任与经济法具有共同的法益追求

经济法是对传统法哲学和经济学以及建立在这一理论基石上的近代法律体系反思的结果，其产生的最深刻的经济根源在于生产的高度社会化。企业社会责任理论与经济法具有完全一致的社会观。经济法的社会观是一种全体的社会观，或称为整体的社会观。

20世纪30年代，由于生产的社会化和产业革命的到来，使得企业规模不断扩大，出现了一批巨型企业。它们通过垄断经营，妨害了自由竞争，破坏了正常的经济秩序，并且引发了一系列严重的社会问题。当时美国颁布了一些反垄断法规，对巨型企业的垄断行为进行规制，这就是经济法对企业的不当经营行为进行调整的先例。企业日益巨型化产生的社会问题也使得民众对企业的不满情绪日益高涨。正是在这样的历史背景下，企业社会责任运动出现了。经济法是企业社会责任运动兴起的理论先导，经济法为企业社会责任运动提供了一个广阔的历史舞台。

从更广泛的意义上看，经济法体系内许多法律的产生均与企业社会责任有着紧密的联系。一种新的权利义务在市场主体之间进行再配置就成为必要，一批专门保护弱势群体的消费者权益保护法、产品质量法等由此诞生，通过赋予消费者在交易、信息、安全等方面更多的权利，让生产者、经营者承担更多的义务的方式，来协调、平衡事实上的不平等，迫使企业履行社会责任。同样，在企业与企业之间，伴随着市场行为的异化发展，旨在限制和消除公平竞争的垄断现象大量出现，不正当竞争行为遍布市场。为了引导、规制企业的市场行为，维护公平竞争秩序，保护社会公共利益，反不正当竞争法和反垄断法成为必需。甚至可以说，整个竞争法律制度可以看作站在维护社会公共利益的立场上，倡导、强调企业履行社会责任的基本法律措施。

倡导企业社会责任就意味着政府要对市场进行必要的调控，使市场既充分发挥其作为资源配置基本手段的功能，又为企业社会责任提供适宜的生存空间。显然，只有通过经济法这样的社会本位法的调整和规制，运用国家这只“看得见的手”，才能矫正市场失灵，避免企业为单纯追求股东利润最大化而对其他利益相关者的利益产生侵害。因为经济法重在维护社会经济总体结构和运

行的秩序、效率、公平、正义，侧重于从社会整体角度来协调和处理个体与社会的关系，并超越“国家利益”关注真正的社会利益。

事实上，任何部门法都将保护一定的利益作为自己的任务，或者说，任何部门法都将追逐和实现一定的利益作为自己的目标。因此，所有部门法都有自己的法益目标。经济法也不例外，经济法的法益目标是社会公共利益。经济法是对现代社会经济关系能够进行全面、系统调整的法律。经济法的法益目标与企业社会责任所追求的社会公共利益完全一致，或者说，企业社会责任体现了经济法的法益追求。

二、经济法和企业社会责任具有一致的价值取向

如果把企业社会责任置于价值层面上进行考察，不难发现，企业社会责任的价值与经济法价值具有高度的一致性，均质正义、社会效益等也恰恰是企业社会责任的内在追求。

历史上的思想家与法学家们曾提出过许多正义观，正义发展到当今已被人们赋予多方面、多层次的规定。正义有相对性、不确定性和主观性的一面，也有绝对性、确定性和客观性的一面，以契约为代表的民法的正义价值就是这种形式正义的典型表现。民法认为只要对各种市场主体平等对待就足够了，同时还承认市场主体起点不平等的合理性——只要这种不平等不是市场外的因素造成的。然而随着社会的发展，社会政治、经济结构日益复杂，经济主体之间的能力、财富等方面存在着极大差别，形式正义却不能避免，甚至引起了竞争结果的实质不公。

相对于形式正义而言，经济法所要实现的法的价值在于实质正义。我国经济法的实质正义观在于实现社会范围内的实质性、社会性的正义和公平，是一种追求最大多数社会成员福祉的、社会主义的正义观。追求实质正义尽管可能会出现表面上不公正的措施或现象，对不同的主体有所倾斜，或者权利义务不对等，但这正是实质正义对形式正义的超越，表面上的不公正正是达到结果和实质公正的必要条件和前提。无论从理论角度还是实践角度，经济法的实质正义都与企业社会责任的内在需求相一致。

法律所指向的自由、正义、秩序等价值的实现是建立在法律效应的前提和基础之上的，正义、公正和效益在原则上是一致的。法律效益包括个体效益和社会整体效益。经济法的实质正义价值观及其社会本位特性，决定了经济法不能只强调经济的、局部的效益。

如果把效率的含义和企业社会责任的意旨联系起来加以考察，就会发现，无论是行为意义上的企业社会责任还是制度意义上的企业社会责任，无不体现

出对效率的关注，尤其是对社会效率的关注与贯彻。经济法作为一种实现经济效益与社会效益统一的法律机制所具有的品质和特点，同样为企业社会责任所具备。

企业作为独立的经营者或法人，不仅要守法经营，而且应该对社会具有道德责任感。企业应当尊重所有参与者和相关者的权利，这既涉及企业内部各利益相关者的关系，也涉及企业与外界的关系。为了自由而遵守秩序，对秩序的遵守带来了更大的自由。显然，经济法和企业社会责任所追求的自由与秩序不是割裂的，而是统一的、和谐的。❶

三、企业社会责任体现了经济法的基本原则和精神

经济法与企业社会责任在社会利益本位、实质正义、社会效益等价值追求方面高度一致。反观企业社会责任，不难发现，企业社会责任也充分体现着经济法的原则和精神。

（一）企业社会责任体现了经济法的平衡协调

随着社会经济的发展，今天的企业已不再是 18 世纪、19 世纪的企业，特别是大型企业、上市公司，其强大的经济实力已对社会经济乃至政治构成了巨大的影响力量。为了维护社会公共利益，国家对经济组织及其活动的干预越来越多，许多传统企业公司法中被视为私权的领域，已随着国家政府权力的渗透而逐步缩小，对社会公共利益的保护不断强化。企业作为社会经济细胞，既要考虑本身的利益，又要兼顾向企业投入了物质资本或人力资本的各方利益相关者的利益，还要考虑企业赖以生存的社会的整体利益。

从企业（公司）法内部看，平衡协调原则为利益相关者参与企业治理提供了基本准则。首先，表现为权力制衡。随着企业所有权和经营权的分离，在企业内部形成了“三权分立”的格局，股东会、董事会、监事会“三会”并存是现代企业（公司）治理结构的基本框架。在分权的基础上，企业各组织机构的权力配置形成了相互制衡的格局，“分权制衡”思想在企业治理结构中得到了完美体现。权力分立和权力制衡最大限度地保证了企业的行为理性，有利于实现企业经济利益的最大化。其次，平衡协调原则还表现为利益平衡，集合于企业的各利益相关者的利益要求各不相同，必然导致利益关系错综复杂，甚至相互矛盾冲突。企业社会责任适应这种客观需要，通过一定的机制和途径，将债权人、职工等非股东利益相关者纳入企业治理结构之中，使各方利益相关者有

---

❶ 周祖城. 企业社会责任：视角、形式与内涵［J］. 理论学刊，2005（2）：58-61.

权利、有机会表达自己的意志，以保证企业做出科学正确的经营决策，实现各利益相关者之间的利益平衡。

从规范企业的外部行为方面看，经济法的平衡协调原则体现为通过市场规制法和宏观调控法协调、规制、引导企业的行为，以达到协调关系，平衡利益，使参与市场活动的各方都处于应有的位置和最佳的合作状态。如通过反不正当竞争法和反垄断法维护公平竞争环境，协调平衡企业之间的利益关系；通过消费者权益保护法、产品质量法保护消费者的合法权益，协调平衡企业与消费者之间的利益关系；通过税法、金融法、产业政策法等协调企业与国家之间的利益关系。

总之，企业社会责任正是通过一系列正式的和非正式的制度和机制，本着对效率、公平以及和谐价值的追求，来平衡协调企业与所有利益相关者，包括股东、债权人、雇员、消费者、所在社区等之间的利益关系，是经济法平衡协调原则的集中体现。

（二）企业社会责任体现了经济法的责、权、利相统一原则

责、权、利相统一原则要求权责相当、权义（务）相对、责利（益）相称。企业作为经济实体不仅是一种个体存在，同时也是一种相互交往的社会成员存在。企业是各种利益的连接点，在企业的本性中内蕴着个体性和社会性的紧张关系。有关企业社会责任的规范和机制设计，应致力于寻求和构建某种最有利于实现企业个体目的和社会公共利益的模式。投射于法律领域，则表现为特定形态的权利（力）、义务和责任的调整机制，即要充分地体现经济法的责、权、利相统一基本原则。

四、经济法是实现企业社会责任的主要法律机制

如前所述，经济法与企业社会责任都以社会利益为自己的首要目标，并在实质正义、社会效益等价值追求方面高度一致，同时企业社会责任还充分体现了经济法的平衡协调和责、权、利相统一原则。因此，笔者认为，经济法理论是研究企业社会责任的理论基础和全新理念，经济法是实现企业社会责任的主要法律机制，虽然有关企业社会责任的法律制度是一个综合的系统，需要多方法律机制的配合，包括众多的部门法，如《劳动法》《环境法》《社会保障法》等，以及经济法体系中的诸多具体部门法律，如《公司法》《消费者权益保护法》等。

（一）经济法是企业履行社会责任的制度基础

法律是社会关系的调整器，法律通过权利义务的配置表明自己的价值和利

益取向。企业的主要目的是盈利，企业的最优行为和社会的最优行为并非一致，企业的逐利行为必然要对社会，尤其对非股东利益相关者产生影响，产生外部效应。一般而言，与任何具有趋利性的经济主体一样，企业对于其经营过程中所产生的负外部效应缺乏主动予以解决的动力，如对资源和环境的破坏，对业已建立起来的和谐社区关系的打破。企业社会责任倡导企业积极投身于其所产生的负外部效应的解决，尽量避免外部不经济现象的发生。法律要解决的问题就是如何通过法律的制度保障，引导甚至强制企业对自己的所有行为负责任，让企业的负外部效应内部化。因为从根本上说，企业承担社会责任的动机并不是来自道德的魅力，而是源于企业的经济利益。

经济法在倡导和强化企业社会责任方面应该大有可为。企业公司法从经济主体角度对企业履行社会责任做出原则性、一般性规定，明确企业的社会责任主体地位，同时从企业内部以社会责任为导向配置企业各方参与者的权利义务，以及企业机构的组织方式，为企业履行社会责任打下制度基础。

（二）企业公司法是企业社会责任法律制度的核心

不少学者反对在企业公司法中规定企业社会责任，认为企业利益相关者的利益可由公司法以外的法律加以保护。但笔者认为，作为经济主体法的企业公司法，不可能超然于企业社会责任之外，除其他部门法的保护外，企业公司法也应在各个层面上反映出企业社会责任的理念。

综观各国企业立法，大多在公司法中对企业履行社会责任、保护利益相关者的利益做出了原则性规定。由于不同利益相关者的利益诉求不同，其具体的保护制度也不尽相同。世界各国纷纷对本国公司法进行改革，并提出了一系列兼顾利益相关者的企业治理建议。

在美国，为了抵御企业间的“恶意收购”，1989 年宾夕法尼亚州议会提出了新的公司法议案，议案包括 4 条新条款，其中第 3 条是为保护职工利益而设的，规定成功了的“恶意收购者”必须保证 26 周的工人转业费用，在收购计划处于谈判期间，劳动合同不得终止。第 4 条是最为引人注目的，该条赋予了企业经理对利益相关者负责的权利，而不像传统公司法那样只需对股东负责。这次立法被认为是真正使企业社会责任理论成为当今企业和社会至少某一个重要方面主旋律的事件。之后，美国又有 28 个州的公司法陆续经历了类似的革命性的制度变迁。

根据企业社会责任理论，企业应对股东、职工、债权人、消费者、企业所在社区以及环境等利益相关者负有责任。我国现行的《中华人民共和国公司法》（以下简称《公司法》）第 20 条还明确规定了公司法人人格否认制度，以防止公司股东滥用公司人格及有限责任原则，从而更好地保护公司债权人利益和社会公共利益。

从以上各国公司法和我国现行《公司法》关于企业社会责任的原则性规定可以看出，企业社会责任的落实、各个利益相关者的利益保护和企业公司法密切相关，企业公司法应该是企业社会责任法律制度的核心。

如前所述，经济法作为社会本位法与企业社会责任在实质正义、社会效益等价值追求方面高度一致，经济法理论是研究企业社会责任的理论基础和全新理念，经济法是实现和落实企业社会责任的最佳途径和机制。然而，笔者无意主张单独的企业社会责任立法，而是认为应该在必要的领域进行适当的专门立法，包括谨慎的道德立法。基本设想为：以企业公司法为核心，以经济法为主干（主要包括反不正当竞争法、消费者权益保护法、产品质量法、税法等），其他社会法（包括劳动法、环境法、社会保障法等）相配合，构建一个综合的、全面的、有实效的企业社会责任法律制度体系。

尽管企业社会责任是一个实践中非常复杂、理论上尚存争议的问题，但是企业在追求利润最大化之外，应当履行社会责任的理念已深深根植于人们的思想之中。经济法作为社会本位法与企业社会责任关系密切，企业社会责任是经济法的题中应有之义。企业社会责任与经济法在法益目标、价值追求和基本原则等方面高度统一，经济法无疑是实现企业社会责任最重要的法律机制。

第三节　企业社会责任在经济法上的正当性

如果我们承认和倡导企业社会责任不是建立在“存在的就是合理的”这个简单化的哲学认识论基础之上，那么，进一步追问企业社会责任的正当性就是一项必不可少的工作。鉴于企业社会责任是一个极富争议性的话题，而让企业在利润目标之外负担社会责任的正当性之有无又是一个带有根本性的问题，也是所有企业社会责任的论争中的最大焦点，故对这一议题有进行专门集中讨论的必要。

在既往围绕企业社会责任展开的学术争鸣中，企业社会责任的倡导者对企业社会责任的正当性也有过不少的表达，这方面的认识，散见于他们关于确立企业社会责任的种种立论中。概而言之，于企业社会责任的正当性，主要形成了以下几种最具代表性的说法：社会舆论作用说、开明自利说、良好公民说、现实需要说和社会问题原因决定说。

值得注意的是，对于传统理论信奉者反对企业社会责任的声音，企业社会责任的倡导者都没有予以足够的关注，更未做出有针对性的回答。这意味着对于企业社会责任的正当性，仍有继续探讨的必要。

下文拟在有关企业社会责任正当性既有论证成果的基础之上，进一步从三个方面问题的讨论中发掘企业社会责任的正当性。笔者的讨论或许仍然无法使企业社会责任的正当性获得真正圆满的或者说无懈可击的解释，也难以从根本上避免企业社会责任理论的“零碎性”问题，甚至难免出现“嫁接”或牵强的嫌疑，但笔者相信，在把握企业社会责任正当性的方法上，这种讨论较人们以往的认识角度更切实际并更具针对性，因而也值得肯定。

一、企业的性质与企业社会责任的正当性

企业的实体性源于实践的使然、现实的需要以及基于社会生活实际的法律构造。企业的契约性则是经济学的重大发现和现代企业理论的精髓。如果说企业的实体地位对企业社会责任仅仅具有命题上的意义而尚不能引出企业社会责任及其合理性的话，那么，企业的契约性则为企业社会责任提供了最直接的正当性基础。

不可否认，由科斯（Coase）开创的现代企业理论本身无意于为企业社会责任寻找理论根据，与此相反，在现代企业理论的主流观念中，股东本位非但未被抛弃，而且受到了严格意义上的遵从。现代企业理论的一个重要分支——交易成本理论（主要指科斯的交易成本理论）在研究企业出现的原因和企业的边界时引入了“权威”的概念，认为企业和市场是可以相互替代的两种资源配置方式。在这里，企业内的权威尽管由明示的或默示的契约加以界定和安排，但这种权威与其说产生于建立在平等基础之上的契约，不如说是来源于物质资本的力量，“资本雇佣劳动”这一体现股东本位的新古典范式并没有从根本上发生改变。现代企业理论的另一个重要分支——代理理论在研究企业的内部结构和企业中的代理关系时，则把资本家作为委托人、劳动者作为代理人，通过在股东与管理者、管理者与职工之间的层层委托代理关系中进行激励和约束设计，以谋求资本家对代理人和企业实现最终控制的机制，由此，股东本位或“资本雇佣劳动”得到了更为充分的体现。尽管如此，如果我们对现实中的企业给予更多的关注而不是在股东本位或“资本雇佣劳动”的预先假定下讨论企业的本质，或者说，如果我们在把握企业性质时更多地直面现实而不是把新古典范式强行塞入企业契约的分析之中，那么，现代企业理论的企业契约观将导出不同的政策含义，并且它可以成为理解企业社会责任正当性的一把钥匙。

在传统的企业理论中，物质资本不仅是最重要的，而且被假定承担着企业经营的全部风险。按照风险与权限相一致的原则，企业的所有权（定义为对企业的剩余索取权和控制权）也被配置给物质资本的供应者——股东，而企业的债权人、职工等其他参与者则被看作风险规避者，他们领取有保障的固定合同收入，相应的，其接受物质资本的权威亦尽在情理之中。基于此认知，通常人们认为，股东获得的是扣除所有非股东利益相关者应得的合同收入之后的剩余收益，且非股东利益相关者的收入是有保障的或预先给定的，故企业为股东经营也就是为社会经营，股东的利润最大化也就是社会利益的最大化。

在现实的企业合约中，各参与者之间的力量对比总是处于不断的变化之中，而非如传统认识所假设的那样，乃是一种“资本雇佣劳动”的静态关系，尤其是在人力资本的相对地位日渐上升，物质资本的绝对权威已一去不复返的当代，企业合约参与者之间的谈判力以及由此决定的企业权限分配总是呈现为一个此消彼长的动态发展过程。考虑到企业的这一重要特性，企业为股东利益服务就不再是唯一的。对此，我国已有学者做过十分精辟的说明和描述。从现实出发，企业只有为利益相关者服务才会获得高效率，只不过在不同的情景下企业有可能重点选择不同的利益相关者范畴而已。这一理论发现意味着，即便在高度放任的自由企业制度下，企业兼顾股东和非股东利益相关者的利益也是一种自然选择的结果。产权保护的细化、对人力资本的重视以及在此基础上产生的非股东利益相关者保护立法，既是市场经济发展到一定阶段的内在要求，又将反过来改变企业合约参与者间的谈判环境，任何一个理性的企业参与者在主张其自身的权益时都会自觉顾及约束条件的限制，把企业其他参与者的利益纳入考量，这就进一步促进了多元化企业目标的形成。

二、企业社会责任的价值蕴涵与企业社会责任的正当性

如果我们欲对企业社会责任的正当性做出更加有力的说明，那么，在对企业性质所隐含的企业社会责任逻辑进行了上述意义上的揭示之后，有必要进一步将企业社会责任置于价值层面予以验证，看看企业社会责任究竟是如何体现效率和正义的。显然，笔者的分析是建立在效率和公平这一认知的基础之上的。

（一）企业社会责任与正义

正义通常又被称为公平、公正。由于正义论者的观念、所使用的分析方法以及所处政治和文化背景的差异，他们对正义做出不同的诠释乃情理中事，这也表明正义具有相对性、动态演化性和一定的主观性。不过，我们不能由此否

认有某些公平观念是人类社会共同向往或持有的，事实上，无论在历史上或当代世界上，都存在着人类社会普遍接受的某些正义观念。

（二）企业社会责任——效率与正义的对立统一体

通常，在价值论中，效率和正义是作为相对应的两个范畴来加以认识的，我国学界长期以来关于效率与公平关系的讨论鲜明地体现了这一点。从正义的角度说，任何人不得从其错误中获利，致人损害，理应补救。效率与公平的一致性，决定了做出在作用和客观效果上同时达致效率和正义目标的制度设计是有可能的。最后，从价值判断和事实判断的角度看，纯粹关注效率的制度和纯粹关注正义的制度都有其各自的优点和不足。注重效率的制度的优点恰是注重正义的制度所不具备或难以完全具备的，它的不足正好又是注重正义的制度的优势之所在，反之亦然。

以上关于效率与正义关系的揭示意味着：一方面，在落实企业社会责任时必须正视效率与正义的对立，通过恰当的制度构建，缓和效率与正义的冲突，寻求效率与正义的平衡点；另一方面，效率与正义的统一性使得二者可和谐共存，这不仅使企业社会责任不至于因其所追求的各价值间的对立而自我否定，而且预示着建立效率与公平兼顾的企业社会责任制度是完全可能的。企业社会责任作为理论命题具有生命力的重要原因之一恰恰在于其暗含的效率与公平价值的对立统一，吸引着人们研究，并激发着人们为构建效率与公平良性互动的企业责任（义务）体系进行不断的努力。

三、企业社会责任无正当性观点及其评论

诚如前文所述，在既往有关企业社会责任的争论中，企业社会责任的反对者提出了种种拒绝承担企业社会责任的理由。在这些理由中，除了企业社会责任缺乏可操作性等判断以外，一个重要的方面就是针对企业社会责任正当性提出的疑问。探讨并证明企业社会责任的正当性，不能无视企业社会责任的反对者在这一问题上的不同声音。为使分析和评论更为集中，同时使下文的讨论与上文的结构安排尽可能相协调，这里将否定企业社会责任正当性最具代表性的主要观点划分为“损害效率说”和“损害正义说”两大类别，并在展示这些观点的基础上一一展开评论。应当说明的是，鉴于上文对企业社会责任所蕴含的效率和正义的揭示，于某种意义上可视为是对企业社会责任损害效率和正义观点的回答，故下文所涉及的评论，拟尽量从简，并竭力使其具有针对性。

（一）关于企业社会责任损害效率说

1. 企业社会责任反对者对企业社会责任损害效率的证明

企业社会责任损害效率是企业社会责任反对者普遍接受的一种观念。在不同学者那里，这一观念有着不同的表达和论证方式，而其中影响较大的观点主要有以下几种。

①自由企业制度乃是最富效率的企业制度选择，企业社会责任则是对自由企业制度的侵蚀和颠覆，势必导致效率的损失。此种认识在新自由学派的旗手弗里德曼和哈耶克的论述中体现得最为典型。自由能够增进效率，因为进行交易的双方都可以从中获利，只要交易双方是自愿的而且是不带欺骗性的。而扩大干预（如同西方国家近数十年所实行的那样）不仅构成对自由的威胁，而且缺乏效率。在上述思想的指导之下，弗里德曼具体分析了自由企业制度所蕴藏和显现着的和谐与效率以及企业社会责任对和谐和效率的破坏。

在自由条件下，缘于作为经济人的企业及其参与者所固有的追求利润最大化的秉性，社会的资源会自动流向最有效率的领域。与此相反，弗里德曼认为，"企业社会责任"如果不仅仅是一句空洞的口号，那么它必然要求或迫使企业以非增进企业利益的方式行事，如以损失企业利润为代价招募难民而非合格劳动者，以达到减少贫困的社会目标。❶

哈耶克并未如弗里德曼那样对企业社会责任问题进行专门、系统的探讨，但从他的理论中我们仍可窥见他站在效率的立场对自由企业制度的推崇和对企业社会责任的否定。哈耶克的自由企业制度效率观及企业社会责任无效率观隐含于被他称为"自发秩序"或"扩展秩序"的理论构架中。在他看来，人类的秩序只能是"自发秩序"或"扩展秩序"，即在无人能知其后果的情况下，在漫长的岁月中自发进化而形成的，或者说是在人类合作中不断扩展的秩序，它不是人类的设计或意图造成的结果，那种无视人的有限理性，将人类社会的秩序乃至一切优势和机会的获得归功于理性设计的"建构论理性主义"，乃是一种"致命的自负"。"自发秩序"或"扩展秩序"的精义是自由。在经济领域，自由意味着对市场机制的充分利用和对个体追求利润的高度尊重。哈耶克指出，市场最重要的功能在于，它解除了任何个人去了解其他人主观价值的困难的或不可能完成的任务。每一个处于分工中的个人，只要了解他自己，并观察市场就可以与其他人的行为达成某种和谐。而计划经济不可能做到这一点，因为计划者事实上无法知道资源有效配置所需要的全部信息，亦不可能做出事前

❶ 陈湘舸，陈艳婷．企业社会责任与企业效率关系辩正［J］．理论探索，2008（2）：75-78．

的任何“设计”。利润则既是使用资源的经济回报，也是配置资源的经济杠杆，正是对利润的关心，使资源有可能得到更有效的利用。它使能够从其他商业活动中获得的各种潜力有了最具生产力的用途。哈耶克认为，企业社会责任将引致国家对企业干预的扩大，因为企业应当服务于特定公共利益以践行其社会责任的观念越是深入人心，则政府作为公共利益的代言人有权要求企业必须承担一定责任的论调便越是令人信服。在他的心目中，企业社会责任与“自发秩序”或“扩展秩序”是相悖的，是对自由企业制度的践踏，是对市场机制和利润功能的忽视和否定，归根结底是对效率的损害和反动。也恰是基于上述理由，“社会责任”和“社会义务”之类的用语被哈耶克归入“被毒化的语言”之列而大加挞伐。

②“资本雇佣劳动”是使企业价值最大化的最优企业所有权安排，企业社会责任则是对“资本雇佣劳动”逻辑的偏离甚至违背，因而是相对无效率的。在现代企业理论中，“资本雇佣劳动”除包含着以上经济学上的一般含义外，还指一种企业所有权安排，或者说一种企业治理结构。申言之，在现代企业理论看来，企业具有契约性，同时，企业契约具有不完全性。由企业契约的不完全性决定，企业的所有权安排便具有了重要性。在理论上，企业所有权可有不同的分布形式：或集中于物质资本所有者，或集中于人力资本所有者，或分散于物质资本和人力资本所有者。它们分别对应着“资本雇佣劳动”“劳动雇佣资本”以及“物质资本与人力资本共享企业所有权”的企业体制。“资本雇佣劳动”是企业所有权安排或企业治理结构（即企业的权限结构和控制权分配）的一种情形。

在对“资本雇佣劳动”的基本含义做了上述明确以后，下面进一步分析，在企业所有权存在多种可能的分布形式的情况下，为什么有学者青睐“资本雇佣劳动”，认为它是最优或最有效率的企业所有权安排呢？这是因为在这些学者看来，物质资本与其所有者在自然形态上的可分离性，使得物质资本一旦投入企业，便成了一种抵押品，物质资本的所有者就难以任意地退出企业，成为天生的企业风险的承担者，即所谓“跑得了和尚跑不了庙”。至于企业社会责任是否会损害效率，这些学者少有专门涉及，也并未理所当然地认为“劳动雇佣资本”和“物质资本与人力资本共享企业所有权”在任何情况下都是无效率的。在他们看来，这两种情况不具有很大的现实意义。

③效率的取得取决于成本的节约，企业社会责任会产生高额的成本，因而是无效率的。这一观点明显地或隐约地反映在所有企业社会责任反对者的论述中。弗里德曼认为，投资的增长乃效率的最重要源泉，企业因履行社会责任而减损了股东的利润，必将使股东的投资积极性受挫，进而不愿意投资于企业。

因此，他站在一个投资者的立场上鲜明地表明了其态度：“我不会购买雇佣那种管理人员（指具有企业社会责任感的企业管理人员）的公司的股票。”与此同时，弗里德曼认为，如果企业以最大限度地为其股东赚钱为目标，那么人人都可从中受惠：股东获得丰厚的投资回报，消费者获得廉价的产品，员工获得高额的劳动报酬。这样，一幅自由企业的美景就会呈现在我们面前。

除弗里德曼外，另一位持这一观点的代表人物是法学家、法律经济学的集大成者波斯纳（Pasner）。波斯纳对法律的经济分析始终贯穿着经济效益观。他认为，经济效益应成为取舍某一法律制度的最高标准，法律应该在任何领域引导人们从事有效率的活动。法律的基本功能在于通过对当事人权利界限的界定，以获致某种权利配置结构，每一种权利配置结构都需要付出成本，但各种权利配置结构所产生的成本是有差异的，法律必须选择成本最低的权利配置结构，由此实现法律的高效率。在这种法律效率观的指导下，波斯纳对企业社会责任进行了具体分析。依他之见，作为一种权利配置结构结果的企业社会责任是无效率的，因为它会引起高昂的成本（即波斯纳所谓的“社会责任成本”）。首先，波斯纳指出，在竞争市场中，长期为了利润之外的其他目标而经营将导致企业萎缩，甚至非常有可能破产。他以控制污染为例，具体证明了这一论点。他分析道，一个市场竞争越激烈，就越难使卖方采用昂贵的控制污染设备，因为除非他的竞争者也这么做（缘于集体行动的困难，这在事实上是不可能的），否则他就无法补偿其设备成本，这种情况将引起企业利润的下降，并最终把这些企业逐出市场。波斯纳还认为，即使在垄断市场中，企业社会责任的前景也好不到哪里去。其原因在于，尽管企业此时没有竞争对手，它可以将其部分污染控制设备的成本转嫁到顾客身上，但也只能转嫁其中的一部分成本，它的利润仍会下降，股东亦会受损。另外，垄断市场虽比竞争市场更易于处理污染，但在这种市场上污染物的产量也是较少的。当一个市场垄断化时，产品产量减少了，随之其副产品（如污染）也就减少了。然而，替代品生产可能产生更多的污染（正如生产控制污染的设备也会产生污染一样）。其次，波斯纳承认，当企业因承担社会责任而使其利润下降时，它可以通过减少产量而继续经营一段时间。但波斯纳又认为，这一时间不会是永久的，并且当其产量下降时，它在生产中使用的稀缺资源（土地、技术等）的所有者便不可能取得相当于他在其他地方所取得的收益。用波斯纳的观点看，这实际上加重了资源所有者的机会成本，即将资源用于某一方面而不能用于其他方面时所放弃的收益。以上情况的唯一的例外是，这些资源的所有者是一些从企业社会责任中获得效用的利他主义者，但这是不太可能的。再次，波斯纳提出，企业社会责任将增加消费者的成本。因为企业社会责任的成本会在很大程度上以提高产品价格的形式（这是一种递减式的税收）由消费者来承担。只有当顾客从一竞争企业处购买低价产品时才能从其支出中得益，而当他们仅作为顾客时是无法从补偿企业社会责任的成本中受益的。企业向消费者转嫁其社会责任成本，于消费者而言，将导致高昂的社会成本和私人成本。最后，波斯纳强调，企业履行社会责任会降低股东自己履行社会责任的能力（这实际上加大了股东的机会成本）。相反，企业利润最大化可增加股东的财富，股东可用这种资源来对政治、慈善捐赠等做出贡献。综上，波斯纳认为，试图以最低成本为市场生产而又改良社会的经理最终可能一事无成，我们不应该为企业缺乏承担社会责任的积极性而感到伤心。

2. 对企业社会责任损害效率说的评论

笔者的评论从“企业社会责任有损于自由企业制度及其所蕴含的效率”这一命题开始。从上文中不难发现，在论及企业社会责任的问题时，新自由主义学派的代表人物弗里德曼和哈耶克首先假定自由企业制度最有效率，然后将企业社会责任与自由企业制度相对立，以此证明企业社会责任无效率，进而暗示企业社会责任缺乏正当性。在论证过程中，弗里德曼和哈耶克都把企业社会责任与国家干预相牵连，认为二者之间存在正相关关系。在此基础上，以国家干预置换企业社会责任，通过解析国家干预无效率来进一步求证企业社会责任无效率。由弗里德曼和哈耶克的这种论述方法所决定，在评价他们的企业社会责任无效率观时，不可避免地要面对自由企业制度、国家干预以及企业社会责任三者的关系问题。

关键的问题在于，自由企业体制下是否需要保有国家干预，自由企业制度与国家干预是否必然不相容？这些貌似简单和仅凭经验即可做出判断的问题却在人们的潜意识中有着不同答案。应当承认，以弗里德曼和哈耶克为代表的新自由主义学派并不赞成完全不受任何限制的自由放任，这构成了他们与传统自由主义者的主要不同。然而，弗里德曼和哈耶克在倾力追求和维护自由的同时，又在不经意中站在了极力贬斥国家干预的立场上。

笔者认为，国家干预与自由企业制度存在矛盾。企业承担社会责任意味着一定程度的国家干预，但据此认为自由企业制度的生成须全面放弃国家干预和企业社会责任，认为国家干预和企业社会责任与自由企业制度根本无法兼容的观点，又未免失之偏颇。在市场经济体制中，国家干预仍有其存在的合理性，企业社会责任中具有法律强制性的那部分责任的正当性，即立基于此。就企业社会责任而言，其所包含的国家干预必须充分体现这些原则和精神，而非国家可以任意地、无限制地对企业实施强制性管制。弗里德曼和哈耶克在捍卫自由的时候将国家干预与自由完全对立，把企业社会责任作为自由企业制度和效率的对立面，尽管他们坦然承认自由市场经济社会所存在的种种弊病，对克服市场缺陷的必要性亦心知肚明，但他们无意对此有所作为，而是选择了回避与沉默。这并非真正务实的态度。

笔者的行文转入"'资本雇佣劳动'是最优企业所有权安排"的讨论。很显然，"资本雇佣劳动"的效率观是建立在一种激励机制基础之上的。这种观点首先认为，剩余索取权与控制权相对应是效率最大化的企业所有权安排。剩余索取权与控制权相对应，要求拥有控制权的人同时拥有剩余索取权，或控制权随风险走。其次，这种观点主张将控制权配置给物质资本所有者，因为由物质资本的可抵押性所造成的其退出企业的困难，以及物质资本所有者是剩余索取者的事实，使得物质资本所有者是天生的风险承担者，具有做出最优企业决策的积极性。与此相反，人力资本因其与所有者不可分离，使得它可以较容易地退出企业，同时人力资本所有者领取有保障的固定合同收入，这些皆意味着人力资本所有者是天生的风险逃避者，缺乏做出最优企业决策的动力。应当说，"资本雇佣劳动"的这种效率证明在逻辑上是严密且自成体系的。但如果以社会历史的分析方法观察现实生活，那么不难发现，"资本雇佣劳动"并不必然地蕴含着效率，相应地，"资本雇佣劳动"也并非最优的企业所有权安排。其基本原因在于物质资本的所有者并没有像理论所假定的那样承担企业的全部风险，人力资本的所有者也没有像理论假定的那样脱离风险，他们作为理性人又使得他们对于企业的所有权安排不会漠然视之。由此决定，物质资本和人力资本所有者都可能有动力做出最优或最有效率的企业决策。

对于这一判断，可以从多方加以验证。

第一，在一个"资本雇佣劳动"的初始企业（古典资本主义企业，尤其是英美企业的典型形式）中，当企业处于正常状态（即资产大于固定的合同支付）时，因包括人力资本所有者在内的非股东企业参与者的合同收益有保障，企业的经营业绩在边际上与他们的收益无关，故而缺少做出最优企业决策的激励。而作为物质资本所有者的股东获取的是扣除各项合同支付后的剩余利益，他们是风险的实际承担者，有着做出最优企业决策的积极性，故股东享有企业控制权是有效率的。然而一旦企业处于非正常状态（即破产状态），企业的控制权由股东转移给包括人力资本所有者在内的其他利益相关者才是有效率的。因为，此时股东的收益被固定为零，股东在边际上已不再承担风险，缺乏做出最优企业决策的动力。而其他利益相关者成为剩余利益的索取者，将对未来的企业决策承担风险，最有积极性做出最优企业决策。由此可见，企业所有权实际上是一种状态依存所有权。正是企业所有权的这种状态依存性，蕴含着企业治理结构的效率，而永恒的"资本雇佣劳动"不仅是不存在的，而且很难无条件地说是最有效率的。

第二，即使在企业处于正常状态下，人力资本所有者（与此类似的还有债权人等其他利益相关者）享有与其利益相关事项的决策权也是符合正义和效率原则的。其理由在于，于他们而言，成为“所有者”实际上是一件坏事，因为这意味着其合同收益已无法保证了。当正常状态下企业的决策影响到他们的利益或增加了企业非正常状态出现的概率时，让他们在企业决策时拥有一定的发言权不仅是必要的，而且是有效的。

第三，即便是在一个高度自由的经济体制下，由“资本雇佣劳动”或“劳动雇佣资本”发展到“物质资本与人力资本共享企业所有权”也并非没有客观必然性。在很大程度上可以认为，这实际上是企业契约当事人理性选择的结果。展开来说，当物质资本和人力资本的所有者通过劳动力市场和资本市场寻求结合时，双方将展开一场博弈。由于物质资本和人力资本对于企业的重要性有所不同，外部环境具有不确定性，各方掌握的信息以及他们的力量对比存在差异，作为这一博弈结果的初始合约可能是“资本雇佣劳动”型的，亦可能是“劳动雇佣资本”型的（当然也不排除是“物质资本与人力资本共享企业所有权”型的）。但是，初始合约并不是始终稳定的。随着初始谈判环境、条件特别是双方力量对比的变化，他们将就企业所有权安排进行重新谈判，合约的内容将由此做出边际上的调整，其结果是原“资本雇佣劳动”型企业的人力资本所有者和原“劳动雇佣资本”型企业的物质资本所有者都分别通过分享部分企业所有权而参与了企业治理（同样，亦不排除“物质资本与人力资本共享企业所有权”型的企业变为“资本雇佣劳动”型企业或“劳动雇佣资本”型企业）。这种基于当事人自愿选择而达成的企业所有权安排，不能说是无效率和缺乏正当性的。

第四，伴随着社会生产力和市场经济的日益发展，人力资本之于物质资本的相对风险呈现出不断上升的趋势。一方面，物质资本的社会表现形式在当代已具有多样性特征，实物、货币、信用皆为重要的物质资本投资方式。这就大大减少了物质资本仅仅表现为实物型资本时的抵押品性质，使物质资本所有者进出企业的自由度和规避投资风险的可能性得以增加。另一方面，随着社会分工的发展，人力资本的专用性得到加强。证券市场的建立与发达在导致物质资本所有者与企业的关系逐步弱化和间接化的同时，人力资本所有者与企业的关系在日渐强化。这种情形无疑增强了人力资本的抵押性，限制了人力资本所有者退出企业的自由，使他们成为天然的风险承担者。上述事实意味着，面对变化了的社会、经济现实，如果再严格奉行“资本雇佣劳动”的企业模式，将企业所有权全部配置给物质资本所有者，很可能造成企业治理结构的失灵和低效。相反，让人力资本所有者分享企业所有权，缘于人力资本所有者亦承担着企业风险，他们有做出最优企业决策的动力，由此便可使企业治理结构释放出效率。

第五，针对中国的实际，尤其要强调一点：即便是对于专业性程度较低的人力资本的所有者而言，在一定条件下分享企业所有权也可能是有效率的。因为人力资本若较长时间投入特定企业，即可形成对该企业的一种归属感，亦可产生由企业全体成员共享的有形和无形财富，人力资本供过于求形成的买方市场又会阻碍人力资本的自由流动。这表明，这些人力资本的所有者并非自然地缺乏参与企业决策和做出最优企业决策的积极性。

综合以上五方面的内容，虽然我们从理论上能推导出"资本雇佣劳动"和"劳动雇佣资本"的企业模式及其效率，但就总体来看，"物质资本与人力资本共享企业所有权"是最优的企业所有权安排。

最后要探讨的，是"企业社会责任的高成本损害效率"的观点。不容否认，效率是法律追求的重要目标，法律通过选择低成本的权利义务配置可获推动制度运行的高效率。但作为一种权利义务结构的企业社会责任是否必然伴随着高昂的成本进而有损效率，这是一个尚有探讨和辩驳余地的问题。姑且不论抛弃企业社会责任对正义的弊害以及对效率的负面影响，仅就企业社会责任的直接成本与直接效率的比较而言，我们至少也可以对弗里德曼和波斯纳的上述推论提出以下质疑：企业社会责任的成本是否一定大于其收益？在评价企业社会责任的成本和效率时，不得不将是否实行企业社会责任对社会总体福利增减纳入考量。因此，如弗里德曼和波斯纳所理解的那样，对此两项企业目标，取其一就得舍其一的抉择乃是偏颇的。

（二）关于企业社会责任损害正义说

1. 企业社会责任反对者对企业社会责任损害正义的证明

在企业社会责任的反对者那里，除企业社会责任损害效率的论述之外，还有诸多关于企业社会责任损害正义的观点及其证明。这其中，以下几种观点最具有代表性。

①企业社会责任侵犯了股东的财产所有权，因而有违私权神圣的法治精神。此种观点立基于如下两个判断。

第一，股东是企业财产法律上的所有者；

第二，企业管理者是股东的雇员，或者说是拥有企业的那些个人的代理人（或处于类似地位的人员，下同）。

至于股东缘何是企业财产的法定所有者，企业管理者又为何是股东的雇员或代理人，学者们提出的主要理由是，股东投资于企业并成为企业成员，这仅仅是作为财产所有权人的股东行使结社和缔结合同的自由等天赋权利的一种具体体现，他们并不因此而丧失对其投入企业财产的法律上的所有权。而企业管理者尽管是企业财产的实际控制和运用者，但并非这些财产的初始提供者或所有者，他们实际上是劳动力的出卖者或代为股东理财的专门人员。股东与企业管理者的这种法律关系意味着：一方面，企业管理者仅领取合同所约定的劳动报酬，企业的利润则可视为股东投入企业的资产所生之收益，应由股东享有其所有权；另一方面，按照雇佣或代理的法理，企业管理者应在股东的指令或授权范围内行动，并按信义义务的要求，忠实、勤勉、合理地为股东的最大利益服务。❶

基于以上认知，这些学者进一步认为，企业社会责任鼓励企业管理者不仅可不按股东利润最大化原则行事，而且可将企业的资产和利润用于股东利益之外的其他社会目的，此乃典型的侵犯股东财产所有权的行为。企业财产的所有者既然是股东而非企业管理者，其利用与处分就应遵从股东而非企业管理者的意志。在这些学者看来，企业承担社会责任，必将导致作为雇员或代理人的企业管理者不按作为雇主或委托人的股东的利益行动，以及作为非所有者的企业管理者非法处分作为所有者的股东的财产的后果。这于股东而言是有失公允的，且是背离所有权神圣不可侵犯的法律原则的。

②企业社会责任对消费者和雇员等利益相关者施以经济上的负担却不能使其获得相应利益，故此形成非公平的权利义务配置结构。这一观点的立足点与前述波斯纳所使用过的一个论据如出一辙，只不过波斯纳通过它证出了企业社会责任的非效率，而这一观点的提出者依据它证出了企业社会责任的非正义。这种观点认为，企业践行社会责任必会引起高昂的成本，而此等成本通常都是通过提高产品价格和降低工资待遇等方式分别由消费者和雇员来承担的。因为企业作为经济人，总是有着转嫁成本以最大限度地获取经济利益的原始冲动。当企业将利润用于控制污染等社会目的时，唯有向顾客收取更高的销售价格或向雇员支付较低的劳动力价格才能补偿其损失。就企业履行社会责任而增加了成本并因此提高了产品价格或降低了雇员的工资而言，实际上是在耗费消费者或雇员的钱财，从某种意义上讲它是在向消费者和雇员课税并自行决定税收的用途。但消费者和雇员却难以从其所付代价中得到报偿，因为消费者只有当其作为消费者从竞争性企业购买低价产品时才能因其支出而得益，雇员也只有当其作为雇员从景气的企业取得有保障的劳动报酬时才能因其体力和脑力付出而受偿。基于上述认识，这种观点

---

❶ 王超. 企业社会责任正当性及其限度［D］. 天津：天津商业大学，2007.

认为，权利义务一致是正义的基本要求，企业社会责任使权利义务的配置发生错位，导致负担与利益不对称，其对正义的背叛昭然若揭。若企业不承担社会责任而以利润最大化为唯一目标，那么人人都可各得其所：股东获得丰厚的投资回报；消费者获得廉价的产品；员工获得高额的劳动报酬。如此，人类社会不懈追求的正义就会在企业制度中得以彰显和贯彻。

③企业社会责任把公共政策的制定权与执行权交由企业管理者行使，由此将不可避免地产生偏颇。这种观点暗含着这样一个前提，那就是在法治国家，公共政策应寓于法律之中。法律总的说来都是对社会有利的，它或多或少地反映了合法或正义的政治过程的结果。该前提的引申意义是，公共政策应由国家立法机关来界定，并借助法律的力量来统一实施。在这种观念的指导下，一些企业社会责任的反对者具体分析了企业社会责任在公共政策的制定和执行上的非正义性。

美国公司法专家克拉克（Robert C. Clark）教授就曾总结道，在理论界，反对企业社会责任的理由颇多，其中一种认识是，企业社会责任鼓励企业参与公共政策的制定和实施，若此种企业角色观付诸实践，那么可能会使许多非法的政府形式合法化，导致大量经过伪装的寡头政府出现，并且，随着成千上万的微型政体（即获得广泛权力的商事企业）独立地制定公共政策，总体公共政策将呈现严重不一致和不协调的纷乱状况。

在企业社会责任的反对者中，弗里德曼在这方面的论述可谓最具代表性。他从一般政治原理和企业社会责任的实际后果两个角度，全面、深刻地证明了企业社会责任与公共政策的统一性和妥适性之间的矛盾。他指出，从政治原理上看，公共政策的制定和实施（如税赋的确定、征收和使用）乃是政府的固有职权，我们已在宪法、法律和司法裁决中确立了一整套精细的规则，以此防止政府职权被滥用，确保公共政策切实反映大众的偏好和愿望。我们已建立了立法、司法和行政三权分立与制衡的政治体制，以维护公共政策的统一性和公正性。若允许企业承担社会责任，则企业管理者即会自然地演变为集立法者、行政者和司法者的职能于一身的角色，他们将集中决定公共政策（如决定向谁征税、征收多少以及征收的目的）并将其付诸实施。企业管理者是股东的代理人，他们应为作为委托人的股东的利益服务，股东委任企业管理者的全部正当性即在于此。如果企业管理者为了一定的社会目的而制定和实施公共政策，那么这种正当性就将荡然无存。因为此时他们尽管仍披着私人企业雇员的外衣，但实际上已成了公众的雇员或政府公务员，这也违背了公务员应通过政治程序选任的基本政治原则。另外，弗里德曼认为，企业社会责任也不可能产生其所预期的实际效果。其根本原因在于，即便企业管理者能够从股东、消费者和雇员那里攫取钱财，但他们也无法确切地知晓怎样使用这些钱财才是最合适的。

总之，企业管理者被法律假定为经营管理企业的专家，但绝非是落实公共政策的能手，若寄希望于他们来解决社会问题，则偏颇不可避免，正义难以达成。

2. 对企业社会责任损害正义说的评论

我们先来看“企业社会责任侵犯了股东的财产所有权”这一观点。持这种观点的学者坚持的显然是传统的所有权和企业财产所有权观念，但只要我们用社会历史的分析方法观察社会生活尤其是现实中的企业，就可以发现，在企业社会责任与保护所有权之间并不必然地存在矛盾。

首先，传统的理论学说倡导所有权绝对原则，以为所有权的享有与行使应无所限制。这种观念的法律化最早见于罗马法，并为后世立法所承袭，乃至发展成为资本主义初期民法的三大原则之一。但鉴于所有权绝对的流弊日见明显，自 20 世纪初起，所有权限制的思想不断深入人心，且最终引发了相应的法律改革运动。所有权限制之精髓，就在于平衡所有人与非所有人的利益，使所有权的享有和行使不损害他人利益，并尽量达致社会的普遍福利。企业社会责任与当今这种所有权新观念有着内在的一致性。依企业社会责任理念，即便承认股东对企业财产享有法律上的所有权，其行使也不能不加限制，需要顾及非股东利益相关者的权益。应当说，此等限制为正义所必需，它与侵犯所有权有着根本的不同。

其次，传统的企业财产所有权观念认为，作为企业资产所有者的股东应当与其他类型财产的所有者享有同等的法律权利和法律保护，即股东对企业财产的所有权与人们对他种财产的所有权并无实质上的区别。法律只有对企业财产所有权与其他类型的财产所有权提供平等的保护，方显其正义之价值。由此进一步推定，未经股东的同意，任何人不得处置企业财产。然而现实情况却是，这两种权利不仅有很大的差别，而且股东对企业（主要指现代企业）享有的权利已非真正意义上的所有权，企业财产的所有权实际上归属于企业本身。对此，现代企业产权理论有过客观的描述。产权是一个社会所强制实施的，选择一种经济物品的使用的权利。产权是一种社会工具，其重要性在于它们能够帮助一个人形成他与其他人进行交易时的合理预期。这些预期通过社会的法律、习惯和道德得到表达。按照现代企业产权理论的揭示，在现代企业中，出资者对其财产的初始产权从出资者投资于企业后，便分解为两方面的产权：股东的产权和企业的产权。前者为价值形态的产权即股权，后者是物质形态的产权即企业所有权。股权包括利润分配（资产收益）、重大决策和选择管理者等权利。股东不得抽回其出资，只可转让其股权，且只要能从企业获取满意利润（最大利润）或从证券市场取得收益，股东通常不会干预企业的经营，甚至在不能通过其投资而营利时，股东一般也很少介入企业，而采取“用脚投票”方式规避风险。另外，企业对其资产享有较完整的占有、使用、收益和处分的权利，这些权利构成了企业的所有权。按照现代企业产权理论对企业产权结构的解读可以发现，股东享有的股权与典型意义上的所有权已非同一概念，“股东是企业财产的所有者”也是一个可予辩驳的命题。企业既为所有者依法对其财产进行处分（包括在兼顾股东利益的条件下用于社会目的），自有其正当性。

再次，基于股东是企业所有者这一传统的企业财产所有权观念，企业社会责任的反对者认为企业管理者是股东的雇员或代理人，因此只对股东负责，且企业管理者将企业财产用于社会责任目的，即是非所有者处分所有者财产的不公行为。此说法与当今的实际、理论和立法相去甚远。从理论和立法上看，早期确有过将企业管理者作为股东的代理人或受托人（类似地位人员）对待的情况，由此确立企业管理者对股东负有信义义务的观念。近年来，企业管理者是企业的代理人或受托人并对企业负有信义义务的思想已越来越为人们所理解和接受，法人机关理论和立法更是把企业管理者作为企业的构成部分看待。这就表明，企业管理者在法律许可的前提下为企业利益而处分企业财产，乃是正义的。

我们继续来看上述第二种观点，即“企业社会责任是对消费者和雇员利益的剥夺”这一判断。企业负担社会责任究竟会不会产生企业向消费者“征税”并自行决定“税收”的用途这种非正义的后果？这在前文评论弗里德曼和波斯纳的企业社会责任非效率观时已有过否定性回答，并较为详尽地说明了其理由，故在此不再赘言。这里想强调的是，正是不践行社会责任的企业在向大众征收“看不见的税”。这种“看不见的税”，包括企业造成的污染、工作场所有毒物质的充斥、聘雇员工时的歧视行为、不当的金钱政治、侵害员工隐私权、劣品质产品造成消费者身心受害、市场集中致使企业对消费者予取予求（如以垄断价格出售商品）、跨国性公司践踏未开发国家的资源并污染其自然环境，以及企业犯罪行为（如贿赂官员、股票之内线交易、证券诈欺）等，不一而足。因此，不能把企业社会责任与侵犯消费者和雇员等相关者的利益相关联，将企业社会责任与正义相对立。

最后，笔者对“企业社会责任破坏公共政策的统一性”的观点提出一点不同意见。笔者以为，企业社会责任并不意味着企业可以任意行动，更不意味着企业可以胡作非为。公共政策的统一性一方面需通过法律的界定达致，另一方面亦可诉诸公众的普遍认知标准。我们不能否认，缘于人们在价值观上的差异，每个人对于什么是正当行为有着不同的理解。但我们同样不得无视，人们在是与非、美与丑、善与恶的判断上也有相同的基准。这表明，公共政策有其客观性。此外，需要特别强调的是，企业社会责任与股东利益、市场、法律以及国家干预是兼容的，企业的行为总是受到这些因素的制衡，只要健全相应的制度，企业以履行社会责任为由而随意行为的情形就有望在很大程度上得到遏制，企业社会责任所追求的正义也能够得以实现。

第四节 企业社会责任的经济法依据

一、经济法的社会性与企业社会责任

社会性，指的是一种普遍性而非特殊性，一种全局性而非局部性，一种大众性而非个人性。

经济法是国家为了克服市场失灵而制定的调整需要由国家干预的具有全局性和社会公共性的经济关系的法律规范的总称。

经济法的社会性特征是指，经济法以社会公共性的经济关系为范围来进行干预，且其最重要的宗旨和目的是保护社会整体的公共利益。随着经济的不断发展，经济法的这一特点越来越明显和重要，它适应了经济和市场的迅速发展和现代化的急切需要，有利于缓和由它们所引起的复杂社会问题。亚当·斯密曾断言："看不见的手能成功地引导着追求自己利益的个人来促进社会公共利益，但实践却证明相反往往破坏社会公共利益，产生了如生产假冒伪劣产品、垄断、不正当竞争、破坏环境等问题。"在此情况下，民商法等私法的调整有局限于私主体间关系的特点，不能很好地兼顾社会利益，无法涉及有社会性的经济关系并维护其正常有序运行。所以，作为国家干预经济之法的经济法的产生能很好地解决这个问题，满足它的要求，它最基本的特点便是社会性，这一特点具体表现在以下几个方面。

①从经济法的具体构成部分的主要调整内容来看，市场规制法的基本目的和作用是为市场主体营造公正、自由的竞争氛围，从而充分发挥法律作为调节市场机制的一个方式的作用，而不是仅为了对具体市场主体的交易关系进行约束和规制。宏观调控法的主要作用是明确政府作为宏观调控主体所实施的程序、方式及所想要达到的经济效果，从而落实国家的宏观经济方针，实现国民经济发展中的供需平衡。可见，经济法的基本构成部分，不管是市场规制法还是宏观调控法，无一没有社会性。

②从经济法调整经济关系的方式来看，它运用社会整体性的宏观的方式，以承认并维护自然人和法人的独立地位为基点，着眼于社会整体的市场规制和

宏观调控，具有社会性。

③从经济法的目的和法律价值来看，它所追求的是社会总体利益，这是它作为法律所存在的最大价值和宗旨，认为只有维护好社会总体利益，才能最终维护个体利益。经济法对权利义务的配置的目的，不是仅达到交易中交易双方的利益的满足，而是规范经济个体的经济活动，使其符合社会总体利益。

综上所述，社会性是经济法的本质特征。从这个方面来看，企业社会责任同经济法存在着根本上的统一性。经济法的社会性具有全局性、宏观性、总体性，国家干涉经济主要是为了实现社会整体利益，从而促进国民经济的持续、健康、快速发展。而企业社会责任中的社会，也是指整体、全局、宏观的社会，提倡和强调企业应承担社会责任，尽管在实际履行中可能主要表现在对企业非股东利益相关者的利益的保护上，但其最终和根本的目标绝不仅是维护某个小群体的利益，而是通过平衡各利益群体来维持整体经济的良好运行，从而维护社会整体利益。因此，可以说，企业社会责任是经济法本质特征的体现。

二、国家干预经济理论——企业社会责任的基础

国家干预经济理论作为一种理论学说，其前提是所谓的市场失灵，即自由放任的市场经济所带来的一系列社会问题，如垄断、失业、收入两极分化、周期性危机等。国家的干预不仅担当了道德人的角色，而且实现了经济人的责任，也就是说国家（政府）除了具有制定市场规则、建设公共设施、主办初等教育等职能外，还有维护公平竞争、实现社会公正、改造经济结构、提供公共产品、维护宏观经济平衡、管制私人企业、开办和经营国有企业等职能。凯恩斯对国家干预经济的理论有一个比较深入的说法：“对企业实行国家干预，以使企业既成为追逐私人利益，又具有实现充分就业功能以及分配均等化机制的工具。”在各国各次企业社会责任运动中，往往都伴随着加强国家对企业干预的强烈呼声，人们提出，如果企业不承担社会责任，政府就应该采取更多的干预措施。从本质上来看，企业社会责任是对企业自由的约束，国家为了缓和自由放任的市场对非股东利益相关者利益保护的不力，就应该适当、有度地干预社会经济生活，因为，如果对市场完全不进行合理的规制，很容易产生很多不利于社会公正和秩序的问题。所以，提倡企业承担社会责任毫无疑问应该对市场进行合理的规制，使它配置资源的重要作用极大地发挥出来. 反过来，又能给企业社会责任增加更多的生存条件。

三、经济法独有之调整方法——企业社会责任的保障

经济法的调整方法是指经济法在对国家经济关系进行调节时，所采用的有

强制力的行为规范方式和法律后果形式。其特点是：既采取强行性规范方式，又有许多任意性规范，尤其注重采取大量提倡性规范方式，实行提倡性规范与必要的强行性规范和任意性规范相结合；既规定经济法责任和经济法制裁等否定式法律后果，又注重采用奖励这种肯定式法律后果形式，实行制裁与奖励相结合。经济法在调整经济关系时，一方面，要制定强制性法律规范，采用禁止性、命令性的规范作为手段，来制约违法行为；另一方面，要采用任意性的规范，特别是用很多引导性的规范，来对市场主体进行正确指引，从而推动经济的健康发展。从法律调整的结果来看，经济法在对对象进行调整时，采取了否定式和肯定式两种法律后果相结合的方式：前者主要用经济法律强制制裁的方式，而后者则主要用鼓励、提倡、引导的方式。在经济法律法规中经常可以发现这两种调整方法的结合使用。国家在保护经济法律关系的过程中，能通过对违法行为进行惩罚来实现保护，也能通过在违法行为发生之前先进行如奖励、教育、倡导的方式，来鼓励市场经济个体去积极主动地追求和兼顾国家利益、社会公共利益和个体利益。

经济法这一部门法所具有的独特的调整方法给企业社会责任制度的构建注入了有力的力量。因为，要想真正实现企业社会责任的落实，就应该既采用强行性法律规范进行严厉的约束，又采用自由性法律规范进行引导；既采用惩罚性法律规范，又采用鼓励性法律规范，它们的密切有效配合，可以督促企业积极主动地承担社会责任，从而实现保护一定阶段的社会整体利益的目的。可见，经济法独特的调整方法同企业社会责任不仅达到了高度一致，还为它的制度构建提供了现实的可能性，它可以说是企业社会责任实现的保障。

第五节 经济法视角下我国企业社会责任的不足

一、我国对于企业社会责任的相关立法不完善

（一）相关法律未形成完整体系

相较于一些发达国家，我国很晚才开始对企业社会责任的相关理论进行研究，也不够重视关于企业社会责任的立法事项，企业社会责任的概念直到2005年《公司法》修改时才被正式提出来。目前我国与企业社会责任相关的法律分

布在不同的法律法规中，法律效力各不相同，还没有形成一个完整的体系，很难成为企业履行社会责任的参考标准。因此，我国法律不仅无法从整体上对企业所要承担的社会责任进行考量，更不能在机制上对其进行鼓励。在这种背景下，我国企业很难树立承担社会责任的法律观念。

（二）企业法中缺乏对企业社会责任的相关规定

我国的《公司法》只是对企业承担社会责任做了原则性的规定，并没有对“社会责任”的含义和内容做出具体的解释。对于我国大多数企业来说，社会责任只是一个模糊不清的概念，具体怎么去承担，应该承担哪些内容，并不明确。

《公司法》中确实有一些规定体现了非股东利益相关者的权益保护理念，但对于促进非股东利益相关者的利益来说，明显不够。

①相关条文只规定职工和股东大会选举的独立董事能够参与企业治理，而其他非股东利益相关者并没有权力参与企业治理和决策。

②在股份有限公司、国有独资公司和有限责任公司的监事会中，职工代表的最低比例只有三分之一，职工的切身利益无法得到充分体现。

③相关条文只对职工和债权人的权益进行了保护，而忽略了对其他非股东利益相关者权益的保护。

从以上分析可以看出，现行的《公司法》只是对个别非股东利益相关者的利益保护做出了规定，并不全面。同时，对于社会责任的规定仅限于环境管理法规，并没有制定企业社会责任信息披露的相关准则。

（三）消费者权益受到侵害

1. 消费者知情权受到侵害

在消费领域，相比于消费者，生产经营者拥有绝对的信息优势。这种消费信息的不对称会使消费者的知情权受到侵害，从而导致其权益受到损害。在经营活动中，生产经营者经常会利用这种信息优势，用一些不诚实甚至非法的手段来获取更高的经营利润。例如，有些企业在生产过程中存在严重的偷工减料行为，还有一些企业剽窃名牌商标，仿造其产品，以假乱真。这些行为都让消费者蒙受了巨大的损失，其权益受到严重侵害。

2. 惩罚性条款不到位

《中华人民共和国消费者权益保护法》第五十五条规定：“经营者提供商品或者服务有欺诈行为的，应当按照消费者的要求增加赔偿其受到的损失，增加赔偿的金额为消费者购买商品的价款或者接受服务的费用的三倍；增加赔偿的金额不足五百元的，为五百元。法律另有规定的，依照其规定。”该条规定消费者获得赔偿的前提条件是经营者存在欺诈行为，笔者认为，这种规定具有一定的不合理性：

第一，举证难度很大；

第二，惩罚力度不够；

第三，缺乏对经营者潜在责任的惩罚。

（四）环境法中企业社会责任的立法问题

1. 法律规定中涉及循环经济的内容很少

虽然在《中华人民共和国固体废物污染环境防治法》（以下简称《固体废物污染环境防治法》）中有固体废弃物利用和处置的相关条文，部分内容与循环经济有一定的关系，但从总体上来说，我国经济的发展受“先污染后治理”思路的影响非常严重，并没有完全体现出循环经济的环保理念。例如，从《固体废物污染环境防治法》第一条“为了防治固体废物污染环境……”中可以看出，该法律条文的首要目标是防治，并没有体现出循环经济的理念。

2. 关于企业环境社会责任的立法可操作性差

例如，我国现行的《中华人民共和国环境保护法》第四十条规定：“企业应当优先使用清洁能源，采用资源利用率高、污染物排放量少的工艺、设备以及废弃物综合利用技术和污染无害化处理技术，减少污染物的产生。”但是并没有给出任何具体的技术指标和操作程序，也没有相关法律责任追究内容的规定，因此该条文并不具备法律强制力和执行力。

3. 关于企业环境社会责任的规定存在很多盲区

首先，虽然在相关法律中有一些规定涉及企业环境社会责任，但只限于一种原则性的阐述，没有具体操作措施的指导；其次，我国缺少针对外资企业应承担的环境社会责任的相关法律规定，这很不利于我国在国际经济贸易竞争中的发展。

4. 企业污染环境行为的处罚力度不够

一般情况下，很多企业在环境方面的投入在短期之内并不能产生收益，从而成为一种低效或无效投资，使得企业在短期内的利润下滑，无法实现营利性目标，从而使企业的市场竞争力下降。因此，多数企业并不愿意在环保方面投资。另外，法律关于企业污染环境行为的处罚力度并不够，远远小于环保的投资，因此很多企业宁可交罚款，也不愿意拿出钱来做环保。

二、企业承担社会责任存在的问题

（一）多数企业缺乏承担社会责任的意识

目前，我国的市场经济体制初步建立，仍有待完善，大多数企业发展还不成熟。为了追求更高的经济效益，企业绞尽脑汁降低成本。例如，有些企业缺少配套设施，偷偷排放生产过程中产生的废水废物，对环境造成了严重污染；有些企业通过大幅压缩在安全生产方面的投入降低成本，埋下了生产安全事故的隐患；有些企业为了谋求暴利，生产假冒伪劣产品，严重损害了消费者的合法权益。企业存在的这些问题，都是缺乏承担社会责任意识的表现。

（二）企业缺乏以人为本的经营理念

目前，支撑我国工业主体的大多是劳动密集型企业，这类企业的特点就是对劳动力的素质要求普遍不高，加之劳动力严重供大于求，使得我国经济在发展中出现了“强资本”和“弱劳动”现象。企业可以用恶劣的条件和低廉的价格招收到工人，而工人很难提出自己的民主诉求，合法权益也无法得到保障。大多数企业的经营和管理人员缺乏社会责任意识，一味地压低劳动力的价格、延长劳动时间、降低生产成本，并不把改善员工的工作条件和安全保障作为企业应尽的义务。在这种环境下，企业员工的合法权益很难得到保障。

（三）地方政府对企业社会责任监督滞后

在具体实践中，受到观念、经济和体制等因素的影响，地方政府对于企业社会责任的监督并未执行到位，其主要原因在于：长期以来，地方政府过分追求 GDP 的增长，而忽略了企业社会责任的相关问题。为了发展地方经济，政府总是以“发展总是要有代价的”为借口，容忍和迁就企业的行为，高消耗、高投入、低产出和高污染的生产方式导致生态环境的严重恶化，资源逐渐枯竭。

第一节　我国企业社会责任的现实困境

整体来看，我国企业社会责任的现实困境主要包括以下几个方面。

一、对企业履行社会责任本身还存在一些理论对立或困惑

一种认识基于利益相关者理论和战略管理理论，认为企业积极承担社会责任可以密切利益相关者关系，企业可以通过履行社会责任而获得竞争优势；另一种认识从股东至上和委托代理理论出发，认为企业最重要的目标是最大限度地为股东创造财富，企业履行社会责任是管理者为了个人和社会利益而浪费股东财富的委托代理问题。

二、社会责任理念并未融入企业和管理者价值观中

不少企业对社会责任还停留在传统认识阶段，认为社会责任是一种额外负担。传统企业的核心价值观是创造最大利润，导致企业社会责任意识薄弱。有些企业在资本积累过程中，往往为了追求经济利益而忽视社会责任。社会责任是创造价值还是滋生成本，也是理论界尚未完全达成共识的问题。实际上，现代企业理论启示我们：企业应转变传统的思维方式，将社会责任提升至企业的战略平台去规划和履行，企业会发现，社会责任不是一种强加的负担，而是一种极具创新性的企业治理和经营思想，追求的是企业竞争优势的获取和维持以

及社会价值和经济价值的实现。

三、企业履行社会责任成本较高，回报周期较长

短期来看，企业履行社会责任必然会付出一定成本，而履行社会责任带来的效应需要滞后一段时间才能显现。对于大企业而言，可以承受在较长的一段时间内维持履行社会责任的成本，并能享受企业口碑和形象建立起来之后的红利。因此，大企业更有意愿履行社会责任。这不仅仅因为大企业可能更易于遭受利益相关者的严格审查，也因为大企业大多比小企业有更强的财务实力，更有能力进行社会责任投资。相较而言，小企业长期支付履行社会责任带来的高成本有可能影响到企业的生存，因此履行社会责任的意愿相对要低。

四、未形成强有力的法律约束

《公司法》修订后增加了“公司从事经营活动，必须遵守法律、行政法规，遵守社会公德、商业道德，诚实守信，接受政府和社会公众的监督，承担社会责任”的内容，这是我国第一次以法律的形式明确了企业需承担社会责任，但并无进一步法律解释什么是社会责任以及企业需承担什么样的社会责任。2015年国家出台的《社会责任指南》等系列标准给出了社会责任的统一概念，但同时明确了系列标准的出台主要是为组织的社会责任活动提供相关建议和指南，并不具备法律效力。社会责任标准主要是指导企业做好“该做”的事，但只有法律才能规范企业不要做“不该做”的事。我国法律中强调社会责任的履行多为原则性规定，操作性内容的欠缺使得企业社会责任的实施仍处于自愿推进的阶段。

五、社会对企业履行社会责任的关注程度较低

消费者认知会影响到企业履行社会责任的活动。消费者在感知到企业有着良好的社会责任行为时，购买相关企业产品或服务的意愿往往会增强，甚至愿意支付合理的高价来购买它们的产品及服务。但在现实生活中，我国消费者主动关注企业履行社会责任的比例偏低，这削弱了消费者作为利益相关者对企业履行社会责任的影响力。

六、企业履行社会责任缺乏有效的信息披露

一方面，我国企业在披露社会责任信息方面尚处于起步阶段，企业履行社会责任信息披露仍然比较有限；另一方面，新闻媒体对企业履行社会责任的公

开报道会促进企业更自觉地践行社会责任，但这方面的工作还需要加强和完善。

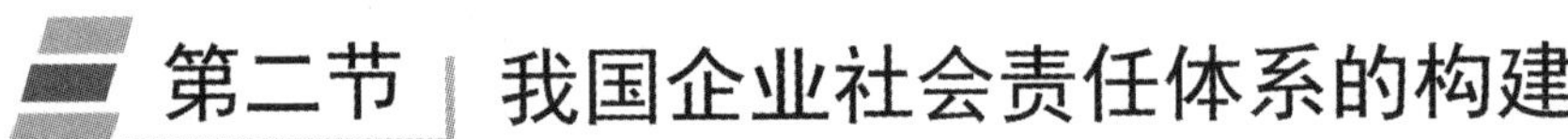

第二节 我国企业社会责任体系的构建

从前面的介绍和分析可以看出，企业社会责任是发达市场经济国家理论界论争的热点和焦点问题之一。尽管理论界对能否确立企业社会责任观念一度争议颇大，但越来越多的人士还是对此问题持肯定的态度。无论缘于何种考虑，企业社会责任仍然在争论中被立法和司法实践确立下来，甚至在它作为一种理论提出来之前即作为制度反映在这些国家的法律法规之中。根据发达市场经济国家关于企业社会责任的理论研究和确立企业社会责任法的运动状况，结合我国的实际，笔者在此提出推进我国企业社会责任体系构建的措施。

一、强化企业社会责任战略

（一）建立社会责任战略管理推进体系

1. 建立企业社会责任战略推进机构

企业社会责任战略的实施与推进，首要的工作就是在企业的最高领导层建立企业社会责任战略推进领导结构，设置企业社会责任委员会。

2. 构建企业社会责任推进管理体系

企业社会责任推进管理体系是企业内部负责推进社会责任工作的组织机构、人员和管理制度、流程、文件的统称，主要由组织机构和管理制度组成。

企业社会责任管理制度主要包括三大类。第一类是与企业社会责任总体工作有关的制度规定，如企业行为守则、员工行为守则、企业社会责任工作指导等。第二类是属于企业的基本管理制度内容，因不同行业特点而异，其中有一部分与社会责任关系密切，如环境保护、质量管理、生产安全、员工志愿者、企业捐赠管理等。第三类是企业社会责任推进部门自身建设的管理制度、工作程序、流程及危机处理预案等。

3. 优化企业社会责任推进机制

第一，明确部门职责，制定各项工作制度和流程，将日常工作制度化，建立畅通的推进机制。

第二，强化企业社会责任伦理道德机制。将企业社会责任融入企业文化，提高企业道德标准和伦理道德建设的层次，塑造良好的企业形象。

第三，建立整体风险管理机制，实现社会责任管理升级。

第四，建立企业社会责任的信用监督机制及考核机制。一方面，对企业整体的社会责任工作成效进行综合的考核评价；另一方面，对推进组织机制自身的工作进行考核评价，以改进和提升工作水平。

4. 建立社会责任指标体系

企业社会责任指标是指为反映和衡量企业整体、内部组织和员工个人履行社会责任的行为和效果而设置的依据和标准。一般来说，大型企业的社会责任指标可分为6大类40个指标。一是经济业绩指标9个：经济业绩、气候变化影响、团体福利计划、政府支持、最低工资、当地采购比例、当地雇员、公众投资、间接经济影响。二是环境及资源业绩指标9个：原材料、能源、水、生物多样性、废气污水和废弃物、产品和服务、法规、交通运输、总体情况。三是产品业绩指标5个：客户健康与安全、产品与服务标志、营销宣传、客户隐私、遵守法律。四是劳工业绩指标5个：员工雇用、劳资关系、职业卫生与安全、培训与教育、多元化与平等机会。五是人权业绩指标7个：投资与采购行动、非歧视、结社自由与集体谈判权、童工、强制与强迫劳动、保安护卫工作、土著人权利。六是社会业绩指标5个：社区、腐败、公共政策、反竞争行为、遵守法律。

5. 企业社会责任工作推进

（1）建立企业社会责任日常工作机制

执行管理的主要内容是制定社会责任年度工作预算，确保企业各种资源的有效投入。绩效管理的工作重点为设定年度绩效指标、目标，对绩效完成情况进行追踪、评估与考核，开展与先进企业的社会责任管理的对比分析。沟通管理的工作重点为编制与发布责任报告，组织重大社会责任沟通活动，对利益相关者进行日常沟通管理。

（2）企业社会责任重点工作推进

一要全面开展社会责任培训。二要定期召开社会责任联席会议。三要制定社会责任策略与行为手册。

（二）加强企业社会责任沟通

1. 企业履行社会责任的实质是沟通

沟通是企业履行社会责任的生命线，企业承担社会责任的过程就是沟通的过程。对内，沟通有利于传达贯彻社会责任理念、目标、战略指标、问题、实践效果和对利益相关者的关切。对外，通过与利益相关者的双向沟通，既可建立相互间的信赖，又可改善企业社会责任活动的效果。为此，一要对产品和服务的社会责任因素进行沟通，以提高企业各部门、各单位、各岗位和员工的认识和能力。二要促进对利益相关者的关注，了解利益相关者的期望、需要与要求，以调整改进企业社会责任计划与行动。三要通过建立完善的社会责任伦理道德规范，弘扬企业的信用、信誉，既增强利益相关者的信任、支持、谅解，建立相互间的信赖诚信关系，又提升企业形象与声誉。四要通过沟通，把握社会责任在国内外的发展趋势，以抓住机会，及时确定、评估、处理和改进社会责任绩效。五要将沟通交流作为企业价值观和政策的基本组成部分，强化信息管理，重视信息披露，提升企业与员工履行社会责任的素质与能力。❶

2. 优化企业社会责任沟通方式

(1) 优化与市场利益相关者的沟通方式

一是优化与消费者的沟通。可通过发布社会责任报告或信息披露、客户座谈、服务告知、知识普及、定期走访、形象宣传、用户满意度及建议调查、设置服务热线、发布企业刊物、建立企业网站、建立客户服务意见反馈机制和客户投诉处理机制等方式实现。二是优化与供应商和协作者的沟通。可通过发布企业社会责任报告和信息披露、举办座谈会、通过互联网披露相关信息如采购计划等方式实现。三是优化与投资者的沟通。主要通过发布社会责任报告、公开披露信息、举办座谈会等方式实现。

(2) 优化与员工的沟通方式

一是优化企业使命、企业文化、伦理道德规范、员工制度的沟通。二是建立内部网络、企业媒体及征求意见的内部刊物，召开内部会议、小型座谈会，开展教育培训等。三是尊重工会及职工代表大会，设置意见箱，定期开展员工意见、建议调查，重视员工合理化建议创新。

(3) 优化与环境及社区的沟通方式

发布社会责任报告，重视环境保护信息披露，开展社区参与活动，支持员工志愿者活动等。

（三）开展企业社会责任绩效评估

企业社会责任绩效评估的内容主要有：与企业社会责任工作相关的目标完成状况，实施计划的进展状况，法律法规和其他相关规章制度的遵守情况，企

❶ 黄爱兰. 加强企业沟通管理，提升新时代人力资源管理水平 [J]. 现代经济信息，2017 (18)：29-31.

业内部规程的遵守、实施情况，管理系统的运行情况，企业社会责任方针、行为规范、伦理道德规范等的履行状况等。评估可以采用社会责任指标考核、抽样检查、社会责任会计、外部评估等多种方法进行。

（四）促进企业社会责任与创新相融合

企业社会责任与创新相融合是双赢战略：既可以履行社会责任以驱动创新，又可以以创新来驱动企业履行社会责任，彼此间是一种相互促进、相互支撑、相辅相成的优化过程。前者是由外向内、由社会领域向内部生产经营领域的优化，即在履行社会责任时将各种社会价值、社会规范、利益相关者的期望融入企业价值观、伦理观，创新出更符合社会价值与利益相关者期望的社会产品和服务，其创新源起于关注社会议题、关注利益相关者期望。后者是由内向外的，通过产品和服务创新，以新理念、新工艺、新技术、新包装等开拓市场、开拓需求，以进一步体现社会价值观和利益相关者的期望，并引起企业本身的组织变革和创新，达到企业全面关注社会、关注所有利益相关者的目的。达到这一目的的双赢性战略措施有以下几种。一是持续开发具有社会意义的新产品和服务，捕捉变化多端、需求各异的社会需求为创新源泉，与时俱进地以我为主，博采众长，融合提炼，自成一家，创新出有时代特征、行业特色、企业个性的新产品和服务。二是促进与利益相关者关系互动与创新，创建创新关系网络，开发关系创新，既站在利益相关者角度开拓创新思路、创新技术、创新产品，又吸收利益相关者参与创新、参与合作，在创新合作中更好地履行社会责任，在履行社会责任中更加注重利益相关者创新。例如，在再造生产流程中争取利益相关者参与创新。

（五）发展社会责任投资

1. 实现社会责任投资的方式

（1）筛选

筛选指按照社会、环境和伦理标准或准则对投资组合或共同基金中的公共交易股票进行买入、剔除或评估的一种投资决策策略，包括负面筛选和正面筛选两种形式。正面筛选可供选择的企业更多，被欧美国家认为是一种最佳的社会责任投资策略。

（2）股东主张

股东主张是投资者通过与企业对话或在每年股东大会上以投票等形式来改善或促进企业的社会、环境、伦理和生态表现。股东主张是社会责任投资者参与行使股东权利的一种形式，其目的是改善企业治理，推动企业履行社会责任。

（3）社区投资

社区投资是指投资者和资金提供者将资本直接投资于被传统金融机构服务所忽视的社区。社区投资向社区提供了它们所缺乏的信贷、资本和其他基本的银行服务产品，如给低收入户提供金融服务，给中小企业或重要的社区服务（如孩童照料、平价住房及医疗照顾等）提供资金。在西方，社区投资主要是通过社区发展金融机构开展的，如社区发展银行、社区发展信用联社、社区发展贷款基金和社区发展风险投资基金，投资者可以购买特别专注投资此四类社区发展机构的社会责任投资基金，来达成其社会责任的目的。

2. 社会责任投资的两大重要主题

（1）绿色金融

绿色金融是指金融部门把环境保护作为一项基本政策，在投融资的决策过程中考虑潜在的环境影响，把与环境条件组成的潜在回报、风险和成本都融入银行的日常业务中。国内最早的绿色金融实践是环保投资，资金主要来源是政府预算拨款。进入21世纪后，部分地区借鉴国外PPP/PF模式，通过引入外资或民间资本，运用BOT方式投资城市供水设施、污水处理设施等。近年来，随着国家环保力度的加大，金融企业的环保意识有所加强，如农业银行开始发放“三绿贷款”（绿色企业＋绿色基地＋绿色农业）。同时，在贷款方面也加大了环境保护审查力度。一方面，政府制定了一系列环境影响政策，出台了相关法律，中国银监会在《商业银行合规风险管理指引》中也将“符合国家环保标准”列入贷款条件；另一方面，各大银行也将环境评价作为是否进行项目贷款的重要性甚至决定性环节。

（2）小额贷款

国内小额贷款已逐渐普及，但支持绿色经济做得比较成功的是政策性银行。如国家开发银行联合世界银行、德国复兴信贷银行等国际机构，在借鉴国际先进经验的基础上，启动了“中国商业可持续微小贷款项目”，以“资金＋技术”的模式与地方金融机构合作开展小额信贷业务。

二、加强企业社会责任制度建设

（一）以企业社会责任为导向的企业治理结构调整

在国外理论界和实务界，企业治理结构一直被视为落实企业社会责任的重要一环。可以说，凡是以企业社会责任为导向的企业和企业制度改革，皆在企业治理结构的设计上大做文章。这方面的具体事例已为数不少。申言之，在传统理论上，企业被看作单纯的物质资本的集合体和物质资本所有者谋取利润的工具。这个观念体现在企业治理结构上，即奉行股东本位，只承认股东是企业治理的主体，非股东利益相关者则被排斥在企业治理主体之外。近年来，各国均采取了一种务实的态度，寻求非股东利益相关者参与企业治理的适当方式，由此形成了一些或多或少体现和贯彻企业社会责任思想的企业治理模式。不难预料，在我国，随着企业社会责任观念的引入和获得日益广泛的认同，企业治理结构必将成为理论界和实务界关注与审视的重点。

我国《公司法》等企业法律法规是在股东本位这一传统理念指导下构建企业治理结构的。2005 年《公司法》修订以后，虽然较以前更加彰显了职工对企业治理的参与，但这种状况没有得到根本改变，因为《公司法》对企业组织机构的制度设计，事实上仍将股东利益的实现置于首位。因此，给定企业社会责任，我国企业治理结构将面临一系列调适任务。笔者认为，适应企业社会责任的要求，同时考虑到我国的实际情况，我国未来的企业治理结构应在以下几方面实现制度创新。

1. 完善职工参与制度

在传统体制下，我国职工对企业的参与主要是通过职工代表大会制度体现的。但此制度已出现日渐式微的趋势。这种变化的端倪始于厂长负责制的推行，试行承包制以后，职工参与的滑坡态势更甚。《公司法》施行后，公司制企业都按新的体制设立了股东会、董事会和监事会等机构，职工代表大会则被抛弃或形同虚设。《公司法》尽管规定了职工应参与企业管理，但现行《公司法》对不同的公司规定了不同的职工董事制度（第 45 条、第 68 条、第 109 条）。这种格局，不仅使得职工的政治待遇因企业组织形态的不同而呈现出不应有的差异，而且使得一些企业的职工不能参与企业的决策过程，同时亦与国际上倡导职工参与的广泛性和深入性相悖。为此，有必要完善现行企业立法，强化职工代表大会的职能，强化职工代表大会直接选举董事的权力，使职工代表大会在理论上与股东会并列而成为企业的最高权力机构之一。至于股东会和职工代表大会选任董事的名额究竟应作何分配，笔者主张原则上应平等，但可根据企业的具体情况而做出不同的规定。

2. 完善外部董事制度

外部董事制主要是英美于大企业中实行的制度。按照这一制度，企业的董事会由两部分组成：一部分为内部董事（美国为执行董事），另一部分为外部董事（英国为非执行董事）。经理人员由内部董事担任。外部董事创设的本意，在于强化对经理人员的监督，使其按股东的利益行事，同时弥补内部董事在专业知识上的缺乏。但外部董事由于由社会贤达担任，其在客观上对维护非股东利益、促使企业履行社会责任发挥了重要作用。近年来，为实行外部董事制度，美国企业中董事会的成员和外部董事在董事会成员中所占比例都呈上升趋势。在我国实务中，上市公司推行了外部董事制度，现行《公司法》也对独立董事（外部董事）做了规定，但外部董事并未被赋予促使企业承担社会责任的角色。笔者认为，董事无论由谁选任，都应站在全局的立场，顾及所有利益相关者的权益，但外部董事制无疑为董事这一地位的实现提供了更直接的保障。因此，有必要完善该项制度，并在相关立法中明确其敦促企业承担社会责任的义务。

以上所论，皆为以企业社会责任为导向的企业内部治理结构调整，且主要针对的是较大规模的企业。为了对企业的所有利益相关者，尤其是那些未直接介入企业的利益相关者给予有效的保护，不可忽略以企业社会责任为导向的企业外部治理结构矫正。按照企业社会责任的要求，确立“国家调控市场、市场引导企业”的企业运行机制，将是弥补企业特别是中小企业内部治理结构在保护利益相关者上不足的有效途径。

（二）明确企业社会责任负责对象的范围

企业承担社会责任意味着企业不仅应对股东的利益负责，而且应向股东以外的所有利益相关者承担责任。有经济学家反对确立企业社会责任的理由是“企业的所有利益相关者”太宽泛，若让企业向所有利益相关者承担责任，则必然推导出美国服装零售商对中国生产工人和棉农承担责任的谬论。这一推导并非故弄玄虚。事实上，企业社会责任包括企业的道德义务和法律义务。如果对道德意义上社会责任的负责对象的范围尚可不必做出限定的话，那么对法律意义上企业社会责任的负责对象的范围做出适当的划定则是必需的。因为道德意义上的企业社会责任为企业的道德义务，企业向多大范围的利益相关者承担此种责任，这是企业自由决定的问题，法律不得直接和主动干预，只能对企业承担这种责任的行为予以认可和保护。至于如何防止企业过度承担道德意义上的社会责任而损害企业的利益和部分相关者的利益的现象发生，通常应交由市场的约束和淘汰等机制加以解决。同时，当部分利益相关者（通常是股东）认为企业承担了不适当的社会责任时，则允许他们通过对企业内部治理的参与等方式，对企业或企业管理者的这些行为进行制约，甚至允许他们通过诉讼挑战企业或企业管理者实施这些行为的合理性和妥适性，司法机关则可根据合理性原则，在权衡利弊的基础上做出裁判。

对法律意义上的企业社会责任负责对象的范围做出界定，这是我国未来企业社会责任理论研究和立法中必然要遇到的一个问题。对这一问题，笔者主张，法律上的企业社会责任的负责对象的划定，可基于如下标准来进行，即利益相关者在企业中的利益关系的突出性，或者说企业的决策和行为对利益相关者权益的影响度。如果此种“突出性”和“影响度”大，则企业对他们负担的应是法律责任而不能仅仅停留在道德诉求上。显然，按照这一标准，企业对劳动者、消费者、债权人、环境和资源的受益者等，都应负有法律上的义务（当然，也鼓励企业按照高于法律的标准对他们承担道德义务）；而对于慈善基金会、科研教育机构以及其他社会公益事业及其受益人，只负有道德义务。

（三）识别不同企业承担社会责任的差异性，构建有针对性的企业社会责任制度

诚如前述，所有企业均应承担社会责任，但经济性质、规模大小、所处行业或经营范围等方面不同的企业，其各自承担社会责任的重点乃至范围也不尽一致，甚至同一企业在不同时期或不同状态下因面临问题不同，其应承担的社会责任也不可等量齐观。企业社会责任制度的构建唯有充分正视不同企业承担社会责任的差异性，才不至于失去其本应有的针对性。就我国目前而言，有学者已经意识到不同企业承担的社会责任应当具有差异性。同时，一些探讨特定企业的社会责任的成果也相继问世。但就目前而言，这方面的理论研究尚处于起步阶段，因为已有的研究成果更多的还停留在提出并简单说明不同企业承担社会责任应当具有差异性这个观点上，对于不同企业承担社会责任的特殊性究竟有哪些以及如何基于这些特殊性构建有针对性的制度则少有专门和系统的涉及。即便是专门研究国有企业、中小企业、商业银行、民营企业等特定企业的社会责任的著述，也程度不同地存在特色不足的问题，且对诸多类别企业的社会责任问题，迄今无人涉足。相较于理论研究，基于不同企业承担社会责任的差异性而进行有针对性的制度构建工作更显不足。我国企业发布的一些社会责任报告存在雷同的现象，虽然不能完全归咎于制度，但缺少有针对性的企业社会责任制度对企业编制社会责任报告的指引，这不能不说是其中一个重要的原因。

基于对不同企业承担社会责任的差异性及制度构建的针对性的认知，结合我国目前对此进行研究和实践的现状，笔者认为，这一问题必将且应当成为理论界、立法界和实务界未来关注和攻克的重点课题。在笔者看来，识别不同企业承担社会责任的差异性并在此基础上构建有针对性的企业社会责任制度，是一项非常浩大的工程，因为企业的种类繁多，且同一企业按不同的标准可以进行不同的归类，要总结各类企业承担社会责任的特殊性并展开制度构建，显然不可能一蹴而就。在这个问题上，笔者认为应当确立的总体思路是，在承担法

律意义上的企业社会责任方面，对所有企业应一视同仁；不同企业承担社会责任的差异性，应当体现在道德意义上的社会责任的承担上。这一总体思路的引申意义在于，国家一方面可以对企业承担社会责任做出一般性或宣示性的规定，另一方面应当重点就企业应当承担的法律意义上的社会责任进行较为详细的规定。至于道德意义上的社会责任，除在国家立法中加以原则性的规定以外，更多地应借助法律中的“软法”条款之外的其他“软法”来做出具体的明确。如此一来，不同企业承担社会责任的差异性及由此要求的企业社会责任制度的针对性，通过国家立法机关、国家其他机关、国内非政府组织和国际组织制定的“软法”规范来体现，这样不仅能够契合道德意义上的社会责任在规范表达上的要求，而且可以在很大程度上解决国家立法机关针对不同企业分别构建社会责任制度所面临的不堪重负甚至不具可能性的难题。

1. 关注中小企业的社会责任

关注中小企业的社会责任，这实际上是回应不同企业承担社会责任的差异性及制度构建的针对性的具体体现。鉴于这一问题在我国非常特殊，笔者在此单列出来做专门的讨论。

在发达市场经济国家，企业社会责任主要是针对大企业与人们的关系日益密切，以及大企业所引发的社会问题日趋严重而提出的主要由大企业承担的责任。在我国，大企业固然应承担社会责任，并且随着未来我国大企业数量的不断增多和规模的日益扩张，倡导大企业落实社会责任，唤起大企业的社会责任意识，对于构建和谐社会、深入贯彻落实科学发展观、加快经济发展方式转变等经济、社会发展战略的实施，都具有十分重大的意义。不过，我们在强调大企业的社会责任的同时，也不能忽视中小企业的社会责任，尤其是在我国中小企业为数众多的当下和继续长足发展的未来，落实中小企业的社会责任，更是事关经济持续发展、社会和谐稳定的重大课题。然而值得注意的是，相较于大企业更倾向于将履行社会责任作为形成其竞争优势的一种手段因而更能自觉地承担社会责任而言，我国中小企业更易于实行短期的投机行为。现实中有的中小企业为了眼前的利益，不惜以牺牲生态环境、自然资源为代价，甚至损人利己，置消费者、劳动者、债权人的利益于不顾。近年来，我国频繁发生的食品安全、生产安全、环境污染等恶性事故或事件，许多都与中小企业难脱干系。这种状况不仅严重影响到了中小企业自身的成长转型和发展壮大，而且造成了诸多严重的社会问题。

因此，如果正视我国中小企业非理性行为的严重性，那么就不难形成这样的认识：与市场经济发达国家重点关注大企业的社会责任不同，强化中小企业的社会责任，应当成为我国企业社会责任的理论研究、立法和执法的一个重点。应当说，目前在这方面我国已取得了一些成就，但总体情况尚不尽如人意。我国虽有关于企业社会责任的一般性立法，尤其是《中华人民共和国合伙企业法》中的社会责任条款对强化中小企业的社会责任有直接的意义。但是，基于中小企业的特殊行为取向而对中小企业履行社会责任做出的有针对性的制度安排尚付阙如。我国已出现一些涉及中小企业社会责任的研究成果，但这些研究成果多局限于对中小企业履行社会责任的紧迫性和现状的一般分析和浅层揭示，所提出的对策大多停留在呼吁层面，或者直接“嫁接”国内外企业社会责任的已有研究成果和立法实践，尚缺乏立足于我国中小企业发展实际的针对性研究。因此，强化中小企业的社会责任，仍将成为我国未来企业社会责任理论研究、立法和执法实践中的重大课题。笔者认为，奢望中小企业承担过多的道德意义上的社会责任是不现实的，也是不利于中小企业自身发展壮大的，但对于法律意义上的企业社会责任，中小企业必须承担。鉴于通过外在市场的约束促使中小企业履行法律意义上的社会责任常常会失灵，应当加强立法和执法，将中小企业的行为纳入相对于大企业而言更为严格的监控之下。只有这样，我们才能在中小企业“拾遗补阙”给我们带来便利的同时，又不至于承受中小企业对我们造成的不应有的伤害和灾难。

2. 关注国有企业的社会责任

国有企业的社会责任是另一个关涉不同企业承担社会责任的差异性及制度构建的针对性的问题。研究这一问题在我国具有十分重大的意义，故而笔者在此专门进行探讨。

国有企业社会责任的特殊性主要缘于国有企业所掌控和运营的资本所具有的属性。

从一般意义上讲，资本是能够带来价值增值的价值。国有资本除具备营利性外，还应凸显其公共性。作为掌控和营运国有资本的国有企业除应尊重国有资本的营利性，实现国有资本的保值增值外，还应承担相较于其他所有制企业更多的社会责任。也正缘于此，在发达市场经济国家，国有资本主要被投向基础性行业和公益性行业，以便更好地发挥其公共职能，至于竞争性行业，则主要是私有资本或者说民间资本发挥作用的领域，国有资本并不过多地介入。在我国，国有经济在国民经济中长期占据主导地位，故而国有资本在社会总资本中所占的比例比市场经济发达国家高。同时，相当大的一部分国有资本分布于竞争性行业，且有的国有资本由在集中度高的相关市场中处于优势地位甚至垄断地位的国有企业所掌控和运营，由此使得国有资本显示出较强的营利能力。从市场经济的发展趋势来看，这种状况并非理想的国民经济构成格局。

从长远看，我国的国有资本存在一个战略性调整的问题。在这一过程中，一个重要的环节就是国有资本要有进有退。所谓“进”，意味着国有资本应更多地进入基础性行业和公益性行业；所谓“退”，意味着国有资本应适当退出竞争性行业。然而，应当注意的现实情况是，由于我国对基础性行业和公益性行业的投资“欠账”较多，加之国有资本退出竞争性行业受到私人资本“接盘”的实力尚显不足等限制，因而无论国有资本是“进”还是“退”，都将是一个渐进的和长期的过程。国有资本中有相当大的部分还将继续滞留于竞争性行业并由此呈现出明显的营利性特征。尽管如此，在笔者看来，让国有资本承担比私人资本更多的公共职能，依然是必要的。强调基础性行业和公益性行业中的国有资本的公共性，其正当性自不待言。即便是竞争性行业中的国有资本，也应承载比私人资本更多的公共职能。与此相应，作为掌控和营运国有资本的国有企业，无论是在当下还是在未来，都应比其他所有制的企业承担更多的社会责任。

国有企业比其他所有制的企业承担更多的社会责任，这在我国不同历史时期的实践中都程度不同地得到了事实上的贯彻，甚至为国家有关部门直接或间接地予以认可。前已述及，在我国高度集权的计划经济体制下，国有企业便承担着较其他企业更重的社会责任。确立社会主义市场经济体制以来，国有企业的主体地位和自主权日益受到尊重，但国有企业的社会责任依然被突出地加以强调和付诸落实。

由此看来，国有企业比其他所有制的企业承担更多的社会责任，既可以从理论上论证，也在我国的现实中得到了反映。然而需要注意的是，国有企业承担社会责任也应力求适度。在高度集中的计划经济体制下，国有企业承担的社会责任过多，以至于这些社会责任成了国有企业繁重的社会负担，进而造成国有企业活力严重匮乏、运行效率低下。社会主义市场经济体制确立以来，我国在减轻国有企业负担、增强国有企业活力上做出了不懈努力并取得了明显的成效，通过将一些国有企业所办的学校、幼儿园、医院等职工福利机构剥离等改革措施，逐步改变了“企业办社会”的状况，增强了国有企业的市场竞争力。现实已不容我们再走回头路，如果像计划经济时代那样对国有企业无所节制地强加社会责任，那么到头来受损的只能是国家，最终吃亏的仍然是全体人民。因此，如何正确把握国有企业承担社会责任的度，使国有企业既承担比其他所有制的企业更多的社会责任，又不因承担过重的社会责任而丧失其活力，这是未来企业社会责任理论研究和制度构建中需要认真对待的问题。

（四）工会构建与制度创新

1. 认真学习，明确方向，全面落实科学发展观

（1）全面落实科学发展观，用发展的科学理论指导工会工作

树立和落实科学发展观，是贯彻落实“三个代表”重要思想、实现全面建

设小康社会宏伟目标的必然要求；是妥善应对国内外各种风险和挑战，及时解决现实矛盾和问题的迫切需要；是实现全面、协调、可持续发展，更好地发挥排头兵作用的关键所在。各级工会干部要坚持以邓小平理论、“三个代表”重要思想和习近平新时代中国特色社会主义思想为指导，全面、系统地把握科学发展观的内涵和要求，把思想和行动统一到科学发展观上来，推动工会工作深入开展。

(2) 全面落实科学发展观，坚持以人为本，做好工会工作

坚持以人为本，必须把维护职工的合法权益、促进职工的全面发展作为工会一切工作的出发点和落脚点，着力解决关系职工群众生产生活的突出问题，尊重和保障职工的政治、经济和文化权益，提高职工的科学文化素质、思想道德素质和健康素质，动员广大职工为改革开放和现代化建设做出新贡献。同时，让广大职工共同享受改革开放和现代化建设的成果。

(3) 全面落实科学发展观，促进工会工作新发展

既要突出履行维权的基本职责，又要全面履行其他各项社会职能。既要促进地方工会突出重点，务求实效，实现工作全面发展，又要鼓励产业工会结合实际，创造性地开展工作，形成产业特色。

2. 突出工会的维权职能，促进建立和谐稳定的劳动关系

(1) 建立健全劳动关系协调制度

首先，工会应该加强劳、资和政府三方对话，维护职工的合法权益，这是推进工会维权机制建设的制度保障。其次，构建工会参与集体谈判制度。集体谈判是工会维权最重要的途径，大多通过建立集体协商制度来保障工人的集体谈判权。国际劳工组织的《组织权与集体谈判权公约》(98号公约) 对集体谈判权做了原则性的规定，从权利的角度规定了政府应当鼓励和保护集体谈判机制。为促进我国工会维权职能的发挥，还要积极宣传贯彻新颁布的集体合同规定，大力推广专项集体合同和区域性、行业性集体合同，积极推行工资集体协商办法。最后，坚持和完善企事业单位职工代表大会制度，进一步强化职工代表大会在国有企业改革改制中的监督作用，认真落实职工代表大会的各项职权，积极探索非公有制企业员工民主参与的有效途径，大力推行区域性、行业性职工代表大会制度，推动社会主义民主政治建设。

(2) 提高工会的普及率

工会的普及率包括两方面：工会的组建率和员工的入会率。劳动者维护自己的合法权益，最简单的方法是加入工会。首先，工会维权有必要在大多数的企业中建立工会组织。其次，入会率的高低能直接反映工会维权的力度。

3. 保障工会的独立性

其他国家市场经济的发展经验证明，工会之所以可以平衡社会各阶层，在维护职工的合法权益中起到重要作用，关键在于工会是一个独立的组织，具有独立的主体资格。工会是为保护劳动者合法权益自发形成的群众组织，只有保障工会的独立性，才能有效实现其唯一宗旨——保护劳动者权益。

（1）保障工会的组织独立性

工会是企业中的人权组织，它的唯一职能是维护职工的权益。但是在许多企业中，工会被看成政府的行政助手，工会的目标出现差异化。这就要求改变党组织视工会为党的部门的观念，党应当对工会进行思想上的领导，而不应该干预其工作。这就需要进一步处理好党对工会工作的领导和工会工作独立性二者之间的关系。

（2）保障工会的经济独立性

按照《中华人民共和国工会法》的规定，工会的经费应当是工会会员缴纳的会费和按每月全部职工工资总额的2%向工会拨缴的经费这两项，其中2%的工会经费是经费的主要来源。工会经济上的独立是工会功能得以发挥的前提。在全球范围内，工会工作人员的工资开销无不来源于工会经费，许多国家的工会立法都将此项支出列为工会基金的首项内容，如新加坡、缅甸、印度等国，其工资包括工会工作人员的工资、津贴和开支。目前工会的主要经费及工会工作人员的工资、工会主席的工资主要来源于企业，这样工会工作人员经济上就会受到企业控制，不能完全反映劳动者的意愿。要改变这种现状，保障工会的经济独立性势在必行。

（五）企业社会责任的法律化

目前，我国学界对于通过诸如劳动法、社会保障法、消费者保护法、资源环境法等经济法或社会法来落实企业社会责任并无异议。即便是对于能否在企业法中规定企业社会责任这个一度争议较大的问题，学界也形成了一个基本共识，即企业法可以通过具体制度的设计，构建企业践行社会责任的机制。此外，通过国家立法的形式同时规定或反映法律意义上的企业社会责任和道德意义上的企业社会责任，也获得了学者们的广泛认同。从当下关于企业社会责任法律化的研究和实践情况看，今后有待重点探讨和解决的问题可能集中在两个方面：一是如何对待我国企业法中的企业社会责任条款；二是如何为道德意义上的企业社会责任寻求法律化的路径。

就第一方面的问题而言，虽然美、英、德等一些发达市场经济国家的企业立法对企业社会责任有程度不同反映的先例，我国2005年修订后的《公司法》

第 5 条和 2006 年修订后的《中华人民共和国合伙企业法》（以下简称《合伙企业法》）第 7 条更是明确确立了企业社会责任，但是，理论界的认识还没有得到统一。过去，对企业社会责任持否定观点的学者自然不同意在企业法中明确规定企业社会责任。即便是我国《公司法》和《合伙企业法》设置企业社会责任条款之后，在承认企业应当承担社会责任的学者中，也有质疑甚至明确反对这种立法例的声音，甚至出现删除我国《公司法》和《合伙企业法》已经规定的企业社会责任条款的呼吁。在这些学者看来，企业社会责任应通过其他相关立法来落实，并可在企业法的一些具体制度设计中纳入考量，而不应像现行企业法那样在总则中加以规定，从而将企业社会责任提升为相关企业立法的基本理念和价值准则进而削弱企业营利本质。

就第二方面的问题而言，当前最引人注目的，是对落实道德意义上的企业社会责任的“软法”路径所展开的探讨及实践。按照一些学者的观点，道德意义上的企业社会责任虽然没有法律上的强制约束力，但可以通过国家立法机关和其他机关、国内非政府组织和国际组织做出宣示性、评价性的规定，并借助社会舆论、教育引导、利益诱导、行业自律、声誉机制等非国家强制的手段来保障其落实。相对于通过国家强制力保证实施的“硬法”而言，这些不具有国家强制性的企业社会责任规范构成了企业社会责任“软法”规范，它们致力于推进道德意义上的企业社会责任，与旨在落实法律意义上的企业社会责任的“硬法”规范一道，确立起企业社会责任的实施机制。因此，企业社会责任的法律化，既包括企业社会责任的“硬法”化，也包括企业社会责任的“软法”化。对于以“软法”的理论探索企业社会责任落实的路径，目前少有争论。同时，随着国内和国际社会有关企业社会责任的“软法”在数量上的日益增多和在实施效果上的日渐明显，这一思路也获得了日趋充分的实践验证。

对于以上两方面的问题，笔者认为，企业社会责任在企业法中如何表达，在未来是一个可以探讨的问题。在探讨的过程中伴有争论，这也是正常的现象。但发达市场经济国家在企业法中规定企业社会责任的做法，相信会被越来越多的人理解和接受，且在企业法总则中设置企业社会责任条款是否一定会削弱或否认企业的营利本质，这本身是一个尚待验证的问题。而且，通过企业法的具体制度设计来落实企业社会责任，当下已成为人们的共识。即便是反对在企业法总则中设置企业社会责任条款的学者也对此没有异议。因此，如何按照企业社会责任的要求，完善企业法的相关具体制度，这将成为我国理论界和立法界面临的“真问题”。

笔者认为，实现企业社会责任的法律化可以从以下几个方面入手。

1. 完善《公司法》中有关企业社会责任的法律规定

从国际形势上看，竞争越来越激烈，我国立法机构需要完善企业社会责任相关法律制度，以提高企业承担社会责任的主动性，同时坚持与时俱进，改善工作环境，加强劳工立法，保障企业工作人员的劳动收益，研究调整最低工资标准，完善最低工资立法，积极督促企业履行社会责任。从国内企业承担社会责任现状来看，在完善相关法律体系时需要着重从以下几方面出发。

(1) 以《公司法》为龙头，完善相应法律体系

为了使企业承担社会责任有法可依，需要加强立法，并对相应法律体系进行补充和完善，促进企业社会责任目标的实现。我国《公司法》立法时期比较特殊，那时候我国刚从十年经济建设空白期渡过，国民经济非常脆弱，但是想要让国民经济重新活跃起来，必须从根本上改变国家的工作策略，于是，在邓小平同志的领导下，国家工作的重点从“以阶级斗争为纲领”转变为“以经济建设为中心”,《公司法》应运而生。由于时代的局限性，当时的中国与国际上的交流并不多，消费者运动与企业社会责任运动对于当时的中国政府来说没有一点吸引力，企业都尚不能健康发展，何谈企业社会责任。而西方古典经济学理论则给当时的经济建设提供了重要的理论保障，深刻地影响着我国当时的国民经济。在当时的背景下，国家号召以经济建设为中心，大力发展生产力，因此经济效益才是当时企业的首要追求。而在立法方面，社会责任却被立法人员忽略了，很自然地将追求利益最大化作为《公司法》的立法宗旨，考虑到当时的社会环境，这样的法令在当时是存在积极意义的。到了现在，我国已经完成了计划经济向市场经济的转型，这时候如果一味考虑经济建设，而忽略社会公平的话，企业就会被时代所抛弃。企业想要健康发展，就必须有一套与时俱进的法律。

第一，补充修订《公司法》，将企业社会责任作为《公司法》中的核心内容之一，传统的以股东经济效益为首的想法都应该被抛弃，将企业自身利益与社会利益放在等重的位置上，并将该原则逐渐加入《中华人民共和国个人独资企业法》《合伙企业法》和《中华人民共和国全民所有制工业企业法》等相关法律条款中。

第二，将企业社会责任作为《公司法》中独立的章节，或者单独立法，对企业社会责任的概念、分类、承担方式、利益相关主题、抗辩理由等进行明确的规定。

第三，以《公司法》作为其他法律补充完善的总体框架，将企业社会责任逐渐纳入税法、环境保护法、消费者权益保护法、劳动法、捐赠法、安全生产保护法等法律条文中，从而建立完善的企业社会责任法律体系。因此，需要建

立科学完善的部门法，针对员工权益建立反歧视法、劳动安全法等；针对债权人权益建立并完善破产法；为提高企业参与公益活动的积极性，修订和完善慈善企业法和税法；为了鼓励企业开发研究环境相关领域，当企业通过优化技术改善环境污染问题后，可以减免其一定期限内的税款作为奖励等。

（2）从加强企业内外部监督方向出发健全各种法律

为了加大对企业的内部监督力度，通过完善《中华人民共和国工会法》等法律条文提高工会的行业地位，加强工会对企业的监管责任。随着经济的高速发展，很多传统企业已经不能跟上时代发展的步伐，正在面临企业转型的问题，在企业转型的过程当中，将会有大量的员工失去工作。企业工会必须代表职工利益，对企业的经营活动和管理活动等进行监督，从而保障员工的合法权益不受侵害。为了加大对企业的外部监督力度，通过完善《中华人民共和国消费者权益保护法》等法律条文来对企业不负社会责任的行为进行批判和制裁，从而促使企业行为符合法律要求。消费者必须享有明确的法律保障，才能通过法律保护自己的人身安全与经济利益，并且可以使用法律武器制裁不承担社会责任的企业。

2. 完善消费者权益保护法中企业社会责任的法律规定

1993 年 10 月 31 日，全国人大常务委员会第四次会议通过了《中华人民共和国消费者权益保护法》（以下简称《消费者权益保护法》）这一提案，标志着我国正式开启对消费者权益保护的立法实践。消费者权益保护法律制度并未十分成熟完善，我国出台的多部法律中涉及对消费者权益保护的，包括《中华人民共和国广告法》《中华人民共和国食品卫生法》和《中华人民共和国产品质量法》等。就目前的消费者保护力度来说，因为法律体系本身还不是很完善，导致法律法规没有很强的可实施性。特别关键的是，相关法律对于企业的惩罚力度不大，无法给其他企业以警醒，因此食品安全问题比比皆是。加强对消费者的保护是一个迫在眉睫的问题，建立一个更加完善的企业社会责任体系是解决该问题最直接、最有效的措施，这一举动还可以促使企业承担社会责任。

消费者的购买抵制权是否应该受法律保护也是一个值得商榷的问题，我国现在还没有建立起抵制不良企业的不良行为的消费者组织，其根本原因就是没有法律明确承认消费者拥有购买抵制权。因此，应当从立法角度解决这一问题，法律应当规定消费者有权联合抵制不承担社会责任的企业，也有相关法律去抵制某些企业无视社会责任的商业行为，那么消费者的权益受到法律保障，也可以监督企业去承担相关的社会责任。

3. 完善企业环境责任的法律规定

第一，提高公民在环境保护中的合法地位，赋予其环境保护诉讼权。为了加强对企业的社会监督，要充分利用公众舆论力量，目前有很多企业不惧怕政府的处罚，但是不能承受媒体曝光之痛。企业治理环境需要投入大量的资金、精力，然而国家对于企业破坏环境的处罚力度不够，其法律成本远低于治理成本，因此很多企业铤而走险，宁愿承担处罚也不愿意自主治理环境。然而企业却惧怕来自媒体的曝光，一旦媒体将此类问题公之于众，那么这些企业的寿命也就走到了尽头。所以通过法律确立公民的环境权是实现公众参与的根本性保障，为了让所有的公民积极参与管理环境保护，国家应当创造良好的法律环境；逐渐完善公民管理环境的法律制度，赋予公民批评权、检举权和知情权等权利，从而提高公民在环境管理中的地位；通过环境信息和环境保护决策信息的公开，建立并完善公民参与环境治理的法律体系；鼓励社会各界相关人士开展保护环境的活动。

第二，加强政府领导的环境责任意识，完善环境绩效考核制度，若地方政府对于环境管理出现不作为现象，则需要对其进行相应的惩处。以往的官员政绩考核只关心地方经济，然而在近几年的新闻报道中不难发现，很多城市遇到大雨就会面临全城被淹的问题，于是很多网友纷纷在网络上发言政绩考察应该定在雨天。虽然网友的言论带有调侃意味，但是环境问题确实应该纳入干部考核体系之中。当环境问题与官员政绩挂钩时，官员才会花大力气解决环境问题，才会放弃企业以污染环境为代价拉动地方经济的小利，大力惩治污染环境的企业，做出有利于环境与经济共同发展的决策。

（六）强化政府对企业社会责任的监督

1. 严格执法监督

政府作为社会的管理者，就应该在企业的生产经营过程中对企业履行社会责任进行指导和监督。指导和监督并不意味着政府干涉企业的正常生产经营活动，过分干涉企业的行为会让企业活动受到很大的束缚，导致产品的产量与质量都得不到保障，因此政府应从宏观上对企业履行社会责任进行指导和帮助。在市场经济条件下，政府具有对市场进行宏观调控的作用，政府职能的定位很重要。然而在我国，政府干预企业正常运营的行为非常普遍，尤其是在地方政府，很多官员不懂经济，但是却还是要不断介入企业的工作当中，各级政府都不同程度地出现了干预企业正常经营的情况。

从国内现状来看，与事前和事中监督相比，政府更加注重事后监督。企业不负社会责任主要体现在环境污染和食品安全等对人类生活和生存产生威胁的领域。为了促使企业承担社会责任，执法部门需要按照法律要求严格执法，各部门之间相互配合，加强对企业社会行为的监督管理。但是由于一些企业监管部门之间的权职分配混乱，更有当职者徇私枉法的现象，从而无法发挥充分的监督作用，问题出现后责任混乱和推诿现象严重。例如，负责监管食品安全的部门包括农业部门、质检部门、工商部门、食品药品监管部门，这些部门分别负责对农产品加工、食品生产加工、食品流通、安全事故进行监管。以往出现的大多食品安全案例，均是在造成严重安全事故之后相关部门才进行介入调查。因此笔者提出应设立专门的机构对企业承担社会责任的情况进行监督，机构成员包括劳动保障、质检、工商、环保等多个部门代表，从而加强对企业履行社会责任的监督，提高执法力度和效率。

2. 激励政策监督

政府引导企业履行社会责任要运用政策杠杆。政府的推动是需要资源支持的，企业在政府工作过程中发挥重要作用，比如政府在推行责任投资、开展责任采购时都与企业社会责任息息相关。对于积极配合政府工作承担企业社会责任的，给予一定的奖励，而对于不配合政府工作拒绝承担企业社会责任的，则采取措施进行处罚。对于影响大的企业，应从土地供应、融资和税收等多个方面加大对企业的扶持力度和政策优惠，从而推动企业的发展；如果企业拒不承担社会责任，对社会发展产生严重不良影响，或者出现损害消费者权益、威胁人身健康等行为，政府需要对其加以制裁和抵制，对其恶劣行为进行及时曝光。

要想提高企业的自律性，使其自觉承担社会责任，政府需要从两个方面入手：一是通过制定较高的产品质量标准、生产标准和环境保护标准，促使企业提高道德水平；二是要建立相关制度加强对企业道德规范的约束，在行业内形成道德批判标准，从而对企业和职工行为进行规范化管理，使其形成良好的道德风气。

3. 依法进行日常监管

日常监督不是随意监管，工作中应当确定指导性的监管计划，每次监管可突出某个要素，在一个周期内（一般为一年）覆盖所有要素、所有产品加工场所和工序等。对关键工序或关键控制点，以及企业日常控制中容易重复出现问题或存在隐患的环节、工序等可提高监管频率。日常监管相对时间较短，不可能面面俱到。在检查过程中要结合当前社会关注度、国内外相关技术法规、标准的变化以及国内外产品质量要求，同时结合产品的特点、加工工艺和企业的自身管理水平等针对性地加强监管，做到突出重点、兼顾全面。监管人员必须严格按照程序，对照监管要求实施日常监管，同时必须现场做好监管记录，并要求企业相关人员签字确认，对企业拒绝签字的应当有书面说明。监管记录应妥善保存，编目归档，便于及时查询和追踪。

（七）建立完善的企业社会责任自律机制

企业社会责任的推进不能仅仅依靠政府的推动，企业社会责任最后还是落实到企业自身的实施，因此，应该从企业自身入手，建立完善的企业社会责任自律机制，从企业内部入手约束企业行动，使其符合企业社会责任规范。

1. 完善法人治理结构

现代社会，企业承担一定的社会责任不应该仅仅是一种理念，而应落实为具体的行动。企业是营利组织，如果期望其将承担社会责任变成一种自觉的行动，也许并不现实，适当的制度保障才是解决问题的关键。所以，以何种方式以及建立何种制度从企业内部来落实这种责任就成为学术界普遍关注的问题。

从整个社会来看，只有具备有效法人治理结构的企业才能够形成实现社会责任分担的微观基础。在此基础上，政府才可能运用宏观调控手段，制定相应的规则和制度，以企业的利益为纽带引导企业承担相应的社会责任。在当前，我国的企业正在经历着深刻的变化，已经有相当部分的企业实现了原始积累，正朝着规范化企业的目标迈进，企业对于社会所产生的作用也越来越大，企业的行为给社会环境带来了更深层次的影响。而企业的法人治理结构则是决定企业行为最重要的影响因素。企业治理结构的设计，不能仅以实现企业和股东的利益为目的，还要考虑企业社会责任的承担问题。企业不仅应寻求股东之最大利益，还应在具体决策时，对其消费者、商业伙伴、员工、所在社区等利益相关者加以考虑，以善尽其社会责任。

现代企业经营日益专业化和复杂化，对于经营者的要求越来越高，经营者的自身素质也越来越决定着一个企业的发展。而且股东会是非常设机构，不可能对企业的任何突发事件通过定期召开股东大会及时做出处理。同时，一些股东“搭便车”现象也表明了股东大会中心主义的不足。因此自 1937 年德国率先强化董事会职权起，西方各国企业立法中也逐渐放弃了股东会中心主义，建立了以董事会为中心的治理结构。因此我国相关法律的修改也应顺应这种发展，确立董事会中心主义，让董事会对更加广泛的利益主体负责，授权董事在做出企业经营决策时适当地考虑其他利益相关者的利益，而不仅仅只对股东们负责。为此，在董事会成员中建议借鉴美国等企业制度发达国家的经验设置独立董事，适当增加外部董事的比例，以纠正目前企业法中内部董事比例过高的现象。这里的外部董事是指在董事会中设置一个由来自企业外部，且独立于企业业务执行委员会的外部董事组成的内部委员会专门行使经营监督职权。这个外部董事笔者认为应当由职工和社会知名人士来担当。相关法律应明确董事对利益相关者负有一定的忠实义务和注意义务。也就是要求董事在履行职责时，应当适当地照顾到利益相关者的合法利益，否则应当承担一定的责任。在现行的法律框架下，企业董事会具有广泛的裁量权，在企业社会责任这一议题上，董事会扮演的角色格外重要。

企业承担社会责任必然要与企业利益、股东的利益发生矛盾和冲突，调整这些矛盾和冲突，协调各方利益使其一致，是完善企业治理结构的主要目标。在企业中，如果有一个构成合理的董事会，企业承担社会责任问题并不是一个遥不可及的理想，而董事会的构成能否合理，董事的选任制度将起关键性的作用。

首先，职工董事、监事制度是企业社会责任在法人治理结构中的体现。职工参与企业治理是企业社会责任理念在职工利益领域的表现形式，它有利于完善企业经济民主，改善劳资关系，提高企业经济效益。职工是企业重要的利益相关者之一，应是企业应当承担的社会责任中很重要的一部分，但是在原有的企业治理结构中，由于没有职工代表，职工的利益常常被忽略，职工的呼声得不到回应。现在，我们要求企业承担一定的社会责任，其中之一就是应适当地保护职工的利益，职工作为董事参与企业的治理，在董事会进行决策时，无疑会对职工利益的保护产生一定的积极影响。从这个意义上讲，职工参与企业治理，会促进企业承担社会责任。

其次，企业社会责任的承担与独立董事制度有着非常密切的关系。从原始意义上讲，独立董事的设立是为了解决“内部人的控制”问题，从而保护股东特别是中小股东的利益，但是将独立董事的使命定位于维护中小股东的利益、解决内部人控制问题，意义上显得过于狭隘。独立董事应该在企业中维护社会利益，独立董事应该是社会利益的代表，即承担一定的社会责任。其理由是，认识所涉及的利益、评价这些利益各自的分量、在正义的天平上对它进行衡量，以便根据某种社会标准去确保最重要利益的优先地位，最后达到最符合需要的平衡。在现代企业治理结构中，代表各方利益的董事基本上已经齐全，如股东大会选举产生的董事代表大股东的利益，通过累积投票制产生的董事可以代表中小股东的利益，职工民主选举产生的职工董事代表职工利益，银行金融机构的代表入选董事会可以代表债权人的利益，等等。代表不同利益集团的董事，在董事会中相互制约、相互妥协，以各种方式实现各自的目的和利益，这其中唯独没有考虑社会利益，没有社会利益的代表。而股东利益或其他利害关系人利益的实现未必就会对社会利益有所裨益，企业实现了股东利益或其他利害关系人利益，但对社会不利的情况时有发生。现代企业理念的最高境界应该是，在实现股东利益的同时最大限度地满足社会公共利益的需要。为了实现这一目的，就要求在企业的董事会中，除了有代表各方利益的董事外，还应该有一定数量的董事代表社会利益，在企业进行决策时，适当地兼顾企业利益和社会利益，以求社会利益和企业利益的和谐统一。在现代企业中，能够肩负如此重任的，当属独立董事。因此，对独立董事的作用重新进行定位有利于企业承担社会责任。

2. 完善内部道德调控机制

企业作为道德主体与伦理责任的载体，有能力从道德伦理的角度对企业的经济活动与社会活动进行调适与控制。在企业内部建立完善的道德调控机制是企业内部道德调控的主要方式。

首先，系统导入企业社会责任伦理观念机制。无论是从经济学还是从伦理学的角度来看，企业都有责任承担起道德上的义务与责任。一方面，企业为了其可持续发展必须关注企业经济行为对社会的有害影响；另一方面，本着权利与责任一致的基本社会法则，企业也必须承担相应的社会责任。再者，如前所述，企业不能离开社会而孤立存在，所以企业承担社会责任也是必然的。因此，企业主动加强企业社会责任意识是顺应企业、社会与自然和谐发展的较佳选择。

其次，树立企业道德形象建设观念，构建伦理型企业。从现代社会对企业的要求来看，企业道德形象建设越来越重要。企业要适应这种“白热化的道德压力”，以塑造“道德人”为目的，在企业经营活动过程中，树立诚实守信、公平交易、公平竞争观念，让伦理进入企业，从而使企业在公众中树立良好的道德形象，真正成为一个受公众欢迎的道德型企业。

再次，建立企业伦理决策机制。决策伦理化要求企业在决策过程中应该主动处理好社会整体利益与企业个体利益、长远利益与眼前利益之间的关系，在企业决策经营活动的每一环节，企业都必须认真权衡它们之间的关系，以企业长足发展为最大的行为目标与行为准则。承担社会责任的企业总是力求选择从社会整体角度看、从长期看最有利的经营行为，也许这些行为是次有利的，有些可能是短期看利小甚至是有害的。但是从企业可持续发展的、长期的、社会整体的方面而言，企业的选择是有利的，它力图使企业个体与社会整体有机结合起来。企业伦理决策机制的建立有赖于在企业决策过程中重视道德伦理因素。企业管理活动过程实质就是一系列的决策活动过程。对于企业而言，履行企业社会责任体现在决策活动过程中的道德思虑。注重决策的伦理性，依据伦理原则制定决策的伦理评估标准；提高决策主体的道德性；建立并完善社会审计体系，加强对企业决策的社会责任感审计，这样可以使管理者在做决策时考虑到各方面的影响，从而做出既能带来高经济盈利又能带来高社会效益的决策。企业伦理决策机制的具体实施还可依靠在企业内部成立企业道德委员会，设立道德官员或道德调查员职位，对企业的决策活动进行道德监督，加强对非道德行为的控制。

最后，完善企业道德培训机制。企业道德培训机制的完善首先在于企业要建立明确的企业道德规则，完善企业道德培训内容建设。企业道德规范是企业、企业经营者和企业员工判断一件事情是否正确的道德原则和信条。这些信条指导着企业、企业的经营者与员工如何与其他人或团体交往与相处，并给企业、企业的经营者和员工提供了一个判断自己行为是否正确或恰当的基础标准。企业道德规范可以帮助企业及企业中的人们在不知如何是好的情况下，做出符合道德标准的反应；道德规范可以指导企业管理者在不同的情况下做出符合道德的决定；道德规范也可以帮助企业管理者做出能满足不同利益相关者根本利益的最佳决定。完善企业道德培训机制重在加强企业员工伦理道德的培训与教育，完善企业道德培训机制还要求企业要加大道德规范的执行力度。企业道德规范一旦制定，企业就应该遵守并身体力行，这样才能起到最好的效果。

（八）建立完善的企业社会责任评估机制

我国当前缺乏完善有效的企业社会责任评估机制，致使企业缺乏切实实施社会责任的压力，企业对其社会责任表现得漠不关心，而将重心一味放在谋求利润最大化上。

1. 建立企业社会责任会计制度

社会责任会计是会计学在社会学、经济学、环境科学、生态学、伦理道德学等方面的综合，是社会责任同传统会计学科的有机结合。社会责任会计尚处于起步阶段，其概念还不统一。

企业社会责任会计是从整个社会角度出发，利用会计核算形式，计量和报道企业经营活动对社会的影响，借以使企业的利害关系人监督和评价企业社会责任的履行情况。一般来说，会计的基本目标有两方面的内容，一是反映经营者的受托责任，二是满足信息使用者决策的需要，在会计发展的不同阶段有所侧重。与传统会计相比较，企业社会责任会计的基本目标应当更侧重于经营责任观，这是因为两者的出发点不同。传统会计发展至今主要是为满足投资者和债权人面对错综复杂、变幻不定的经济环境进行经济决策的需要，提供企业有关的财务信息，是面向未来的，因而侧重于决策有用观。而按照企业契约理论，企业的社会责任，就是企业作为契约的一方对契约他方应承担的义务，由于现代企业与社会各个方面都有着紧密的联系，建立企业社会责任会计的出发点是弥补传统会计只考虑投资者和债权人利益的缺陷，从整个社会角度出发，规范企业行为，促使企业履行其应当承担的社会责任，从而实现资源的最佳配置，提高社会的总体效益，达到社会经济的可持续发展目标。企业社会责任会计的作用就是为实现这一目标提供有关信息，以便信息使用者对企业进行监督和评价，它主要是针对企业过去的责任履行情况，因而侧重于经营责任观。

按照契约理论，所有为企业提供生产要素以及与企业发生其他关系的契约签订者（包括明确的和隐含的），均有权要求企业提供相应的信息，报告企业责任的履行情况。企业对投资者和债权人责任履行情况的报告，是一个庞大而复杂的系统，传统会计在这一方面已比较完善，但是企业对其他利益相关者责任履行情况的报告比较欠缺。企业职工、消费者、社区、商业伙伴、环境等都是企业的利益相关者，企业社会责任会计的具体目标就是向他们提供企业履行社会责任的表现。

美国会计学会（AAA）下的社会方案绩效衡量委员会对社会责任列出了四个层次的计量方式：确认与社会有关的一系列活动；决定每一相关活动的影响程度；计量每一社会活动或过程的产出；评价产出价值。

此外，西方发达国家还采用以下几种计量方式：一是实际成本法。即以企业为履行社会责任而支付的实际费用数额为入账依据，在利润表中单独列示或在附注中说明。这种方法只能反映企业为履行社会责任付出的代价，而不能反映社会责任的履行情况和社会效益。二是历史成本与主观分析相结合的方法。即使利用历史成本对某些社会效益和社会成本进行计量是可行的，但企业生产对环境造成污染的损失无法客观地衡量，需要进行主观分析评价，以合理确定赔偿或治理费用。三是机会成本法。是指由于使用某一投入要素而必须放弃该要素其他用途的代价。四是替代品评价法。当某项社会成本或社会效益无法评价时，可以通过估计有相等效用的替代品的价值来确定。五是法院裁判法。法院可在一定程度上反映人们遭受损害的总量估计，企业的赔偿数额可以作为社会成本的量度，但在使用时，还须考虑多方面的因素。企业社会责任会计制度为企业社会责任评估机制的构建奠定了基础。

2. 完善企业社会责任信息披露机制

要想全方位对企业承担社会责任的情况进行评估，必须建立企业社会责任信息披露机制。

首先，提高对社会责任信息披露问题的认识。社会责任信息的披露本质上就是一种信号显示，向利益相关者和社会大众披露企业社会责任状况，有利于增强社会对企业的了解和评判，增强企业与社会的互动，否则就会由于信息不对称出现“劣币驱逐良币”现象。一些企业社会责任表现好的企业得不到社会的肯定，一些企业社会责任表现差的企业也没有得到社会的惩罚，在这种情况下，导致企业普遍缺乏承担社会责任的动力。因此，应该大力宣传企业社会责任信息披露的重要性和意义，使企业、利益相关者和社会大众认识到企业社会责任信息的披露对督促企业主动承担社会责任、实现可持续发展具有重要的战略意义；促使利益相关者和社会大众对企业社会责任信息的关注，激励企业积极、主动披露企业社会责任信息，树立良好的企业信誉。

其次，加快对企业社会责任信息披露问题的研究，合理确定信息披露的内容。我国当前应该在借鉴国外企业社会责任信息披露经验的基础上，加快对我国企业社会责任信息披露的研究，在结合我国国情的基础上，确立企业社会责任信息披露的内容、方式等。

第三节　产品质量管理方面企业社会责任的完善

一、积极推行质量认证工作

（一）质量认证的定义及其内涵

质量认证是由第三方提供的对产品质量的公正评价，可以为人们提供完全可以信赖的质量信息，因而对企业承担质量责任具有重要意义。

一般来讲，可具体从以下几个方面来理解质量认证。

①质量认证的对象除产品、过程或服务之外，还涉及提供产品或服务的质量体系。

②标准是质量认证的依据。

③鉴定的方法包括对产品质量的抽样检验和对企业质量体系的审核与评定。

④质量认证的证明方式有认证证书和认证标志。

⑤认证是第三方从事的活动。质量认证活动中的第三方就是质量认证机构，它与第一方和第二方都不存在行政上的隶属关系和经济上的利益关系，地位中立。

（二）质量认证的标准

1. 适合产品认证用的产品标准

①ISO/IEC 导则《适用于产品认证的标准的要求》在产品要求、试验方法、质量控制、包装与标识和价格制定等方面都提出了一系列要求。

②《中华人民共和国产品质量认证管理条例实施办法》对认证依据的标准有明确的规定，其要点如下。认证依据的标准应当是具有国际水平的国家标准或者行业标准。现行标准内容不能满足认证需要的，应当由认证委员会组织判定补充技术要求。我国的名、特产品可以依据国务院标准化行政主管部门确认的标准实施认证。凡经原国家技术监督局批准加入相应国际认证组织的认证委员会应采用该组织公布的，并已转化为我国的国家或行业标准的标准。经原国家技术监督局批准与国外认证机构签订双边或多边认证合作协议所涉及的产品，可按合作协议规定的标准开展认证工作。

2. 适合产品认证用的质量体系标准

自从 ISO 9000 标准系列发布后，世界各国普遍采取该标准系列中的三种质量保证模式标准（ISO 9001、ISO 9002、ISO 9003）作为认证用的质量体系标准。

（1）ISO 9000 系列标准简介

ISO 9000 不是指一个标准，而是一组标准的统称。ISO 9000 标准指由 ISO/TC176 制定的所有国际标准。TC176 即 ISO 中第 176 个技术委员会，成立于 1980 年，全称是“质量保证技术委员会”，1987 年又更名为“质量管理和质量保证技术委员会”。

（2）ISO 9000 系列标准的特点

ISO 9000 系列标准的特点包括：面向所有组织，通用性强；确立质量管理的八项原则，统一理念；突出顾客满意和持续改进；强化最高管理者的领导作用；强调过程方法，操作性强；考虑所有相关方的利益。

（三）质量认证工作的作用

1. 质量认证是对企业是否承担质量责任的有效评定

对于企业是否真正承担了质量责任、承担了多少，需要有一个方法或工具去评定，而质量认证至少是目前一个最为有效的评定方法。也就是说，某一个企业所提供的产品若能通过质量认证，即可证明该企业承担了质量责任，履行了应有的义务。

2. 质量认证促使企业提高产品质量，积极承担社会责任

质量认证对企业承担质量责任是一个很好的促进，是一股不可或缺的推动力。这是因为，产品质量是企业的生命，有了质量信誉就会赢得市场，有了市场就会获得效益。一方面，实行质量认证制度后，市场上便会出现认证产品和非认证产品，认证便成为注册企业与非注册企业的一道无形界线，凡属认证产品或注册企业，都会在质量信誉上取得优势。因而企业要取得质量认证，唯一的途径是提高产品质量，而这恰好是企业质量责任的内容所在。另一方面，认证注册和认证标志能够指导买方、消费者从采购开始就防止误购不符合标准的产品，并且能使他们不会轻易地与未经体系论证的企业建立长期供需关系。这是对买方和消费者的最大保护。特别是对涉及人们安全健康的产品实行强制性认证制度后，从法律上保证未经安全性认证的产品不得销售或进口，从根本上杜绝了不安全产品的生产和流通，极大地保障了消费者的利益，从而实现了企业社会责任的真正目的。

3. 质量认证实现消费者和企业双赢

通过质量认证的企业能够给消费者带来更多的购买信息，减少消费者搜寻信息的成本，提高消费者的使用效用，无论对企业、消费者，还是对社会都是有利的事情。假设市场上有两种产品，一种是已经通过质量认证的产品 a，另一种是没有通过质量认证的产品 b。假设市场上有很多消费者，消费者从通过质量认证的产品消费中获得的效用为 v_{ia}，从没有通过质量认证的产品消费中获得的效用为 v_{ib}，且 $v_{ib}<v_{ia}$。消费者如果购买通过质量认证的产品，则其所耗费的搜寻成本为 s_a，如果购买没有通过质量认证的产品，则其所耗费的搜寻成本为 s_b，且 $s_a<s_b$。对于同一个消费者而言，如果两种产品销售的价格一样，那么必定有：

$$v_{ia}-s_a-p>v_{ib}-s_b-p \tag{5-1}$$

在这种情况下，产品 b 必定失去全部市场。同时，生产产品 a 的企业必须为产品通过验证付出提高产品质量的成本，记该企业生产没有通过质量认证的产品的单位成本为 c_1，生产通过质量认证的产品的单位成本为 c_2，$c_2>c_1$。记该企业原来的市场份额为 x，新获得的市场份额为 x_a。企业为通过验证而付出努力并且保持价格不变的前提是新夺得的消费者市场能够弥补这部分的成本。因此必须有：

$$(p-c_2)\ x_a-\ (c_2-c_1)\ x>0 \tag{5-2}$$

只要该企业有较好的实力，通过验证并借此扩大市场份额从而增加利润是一件不难的事情。但是，一般情况下通过验证的企业产品，其价格都要高于没有通过验证的产品，假设通过验证的产品 a 的价格为 p_a，而没有通过验证的产

品的价格为 p_b。当

$$v_{ia}-p_a-s_a>v_{ib}-p_b-s_b$$

且

$$v_{ia}-p_a-s_a>0 \tag{5-3}$$

消费者 i 选择购买产品 a。当

$$v_{ia}-p_a-s_a<v_{ib}-p_b-s_b$$

且

$$v_{ib}-p_b-s_b>0 \tag{5-4}$$

消费者 i 选择购买产品 b。

之所以出现有些消费者偏好于购买通过验证的产品，有些消费者偏好于购买没有通过验证的产品的情况，是因为尽管通过验证的产品提高了消费者的效用评价和搜寻成本，但价格的提高在一定程度上产生了抵消作用，一些对于价格特别敏感的消费者可能仍然偏好购买低价的产品。但在现代社会，大部分消费者更加注重高质量的产品消费和高信任度的产品消费，对于价格不会很敏感。所以企业努力使得产品通过认证，一方面可以从潜在消费者中引出新的消费者，另一方面可以从竞争对手手中抢夺市场份额，同时适当提高价格，仍然能够提高企业的盈利。

二、企业进行全面质量管理

全面质量管理是指一个组织或企业以质量为核心，以全体员工参与为基础，满足客户需求及使全体员工、社会长期受益的管理途径。全面质量管理的中心思想是通过对人员、服务、产品及环境等方面不断地进行优化，进而提高企业的市场竞争力。

（一）全面质量管理的特点

1. 目标以“适用性”为标准

传统的质量管理以是否符合技术标准和规范为目标，即“符合性”质量标准。全面质量管理以是否适合用户需要、用户是否满意为基本目标，即“适用性”标准。因此，全面质量管理首先强调产品要适合用户的要求，要按用户的要求来组织生产，并且全面质量管理要处理好产品质量满足用户要求与企业经营效益之间的关系。

2. 全员参加的质量管理

企业的每个职工都直接或间接地与产品（服务）质量有关。全面质量管理

不仅与质量管理部门或质量检验部门直接相关，更与包括设计、生产、供应、销售、服务过程中的有关人员乃至所有员工有关。因为产品质量是职工素质、技术素质、管理素质、领导素质的综合反映，所以全面质量管理要求企业全体人员都参加。

3. 质量管理的方法是全面的

影响产品（服务）质量的因素错综复杂而且来自各个方面，要把众多的因素系统地控制起来、全面地管好，就必须综合地运用不同的管理方法和措施，如科学的组织工作，数学方法的应用，先进的科学技术手段、技术改造措施和质量检验方法等。只有这样，才能使产品质量长期、稳定地持续提高。

4. 突出质量改进的动态性质量管理

传统质量管理思想的核心是“质量控制”，这是一种静态的管理。全面质量管理强调有组织、有计划、持续地进行质量改进，不断地满足变化着的市场和用户的需求，是一种动态性的管理。

（二）全面质量管理的内容

现代企业为了保证产品质量，必须加强设计试制、生产制造、产品销售使用全过程的质量管理活动。

1. 设计试制过程的质量管理

设计试制过程是指产品（包括开发新产品和改进老产品）正式投产前的全部开发研制过程，包括调查研究、制订方案、产品设计、工艺设计、试制、试验、鉴定以及标准化工作等内容。设计试制过程的质量管理一般要着重做好以下工作：根据市场调查与科技发展信息资料制定质量目标；保证先行开发研究工作的质量；根据方案论证、验证试验资料，鉴定方案论证质量；审查产品设计质量，包括性能审查、一般审查、计算审查、可检验性审查、可维修性审查、互换性审查、设计更改审查等；审查工艺设计质量；检查产品试制，鉴定质量；监督产品试验质量；保证产品最后定型质量；保证设计图样、工艺等技术文件的质量等。

2. 生产制造过程的质量管理

工业产品正式投产后，能不能达到预期的质量标准，在很大程度上取决于生产车间的技术能力以及生产制造过程的质量管理水平。生产制造过程的质量管理，重点要抓好以下几项工作：加强工艺管理；组织好技术检验工作；掌握好质量动态；加强不合格品的管理。

3. 产品销售使用过程的质量管理

产品销售使用过程的质量管理，主要应抓好以下三个方面的工作：积极开展技术服务工作；进行使用效果与使用要求的调查；认真处理出厂产品的质量问题。

（三）全面质量管理的组织实施方法

1. PDCA 循环

PDCA 循环即“策划—实施—检查—改进”工作循环的简称，也称“戴明圈”。它是国内外普遍用于提高产品质量的一种管理工作方法。它是一个动态的循环，可以在企业中展开，与其他质量管理体系的过程策划、实施、检查和持续改进紧密相关。[1]

2. QC 小组活动

质量管理小组（Quality Control Group，简称 QC 小组）是职工参与全面质量管理，特别是质量改进活动中的一种非常重要的组织形式。1997 年，中国质量管理协会联合有关部门发出了《关于推进企业质量管理小组活动意见》，指出质量管理小组是“在生产或工作岗位上从事各种劳动的职工，围绕企业的经营战略、方针目标和现场存在的问题，以改进质量、降低消耗、提高人的素质和经济效益为目标而组织起来，运用质量管理的理论和方法开展活动的小组”。QC 小组是团队工作方式中的一种，它是目标管理、行为科学在企业质量管理工作中的综合运用，是一种非常重要的群众性的质量管理方法。

三、加大产品质量监督力度

（一）质量监督的含义

在国际标准 ISO 8402—1994 中，质量监督（Quality Surveillance）的定义是：为确保满足规定要求，对实体的状况进行连续的监视和验证，并对记录进行分析。对该定义可以从以下四个方面来理解。

1. 对象

质量监督的对象是实体。实体包括产品、活动、过程、组织、体系、人或者它们的任何组合。质量监督可包括为防止实体随时间推移而变质或降级所进

[1] 杨洁. 基于 PDCA 循环的内部控制有效性综合评价［J］. 会计研究，2011（4）：82-87.

行的观察和监视。

2. 目的

质量监督的目的是确保满足规定要求。其中，企业对质量的规定要求包括企业标准、技术规范、规程、质量手册、程序文件、各项制度，以及企业与顾客所签合同等对它的各项质量要求；社会对质量的要求则包括法律、法规、准则、规章、条例以及其他考虑事项所规定的义务。

3. 方法

质量监督的方法是对监督对象进行持续的或一定频次的监视和验证工作，并对各项质量记录，包括企业的产品质量记录、质量体系内部审核记录、政府的产品质量抽查记录、第三方的产品质量检验报告、质量体系审核记录等进行分析。

4. 主体

质量监督的主体是顾客或顾客的代表。顾客代表是指顾客授权的代表（第三方的检验机构）或代表顾客利益的人或组织（国家通过立法授权的特定国家机关或社会团体，如消费者协会）。

（二）企业外部的质量监督

企业外部的质量监督包括国家监督、行业监督、社会组织监督、新闻媒体监督、顾客监督等。

1. 国家监督

国家监督是一种行政监督执法，是国家通过立法授权的国家机关，利用国家的权力和权威来行使的，其监督具有法律的威慑力。这种执法是从国家的整体利益出发，以法律为依据，不受部门、行业利益的局限，具有法律的权威性和严肃性，只受行政诉讼的约束，不受其他单位的影响和干扰。国家质量监督和检验检疫总局统一管理、组织协调全国的质量监督工作。

2. 行业监督

行业监督是指由行业的主管部门对所辖行业、企业贯彻执行有关国家质量法律、法规的情况进行监督。

3. 社会组织监督

社会组织监督是指各级消费者协会、质量管理协会、用户委员会等保护消费者权益的社会组织，反映消费者的意见和呼声，处理质量问题的投诉，协助政府开展质量监督检查，以维护消费者的利益。

4. 新闻媒体监督

新闻媒体监督是指各种新闻媒体，包括报纸、广播、电视等，通过对产品质量的表扬、批评甚至揭露曝光等方式，对产品服务质量进行舆论监督。

5. 顾客监督

顾客监督主要是指用户、消费者在购买前、购买中和购买后都可以就产品质量问题向生产者、销售者进行查询，或向有关部门反映情况，提出意见和建议。在使用过程中可以就质量问题向质量监督管理部门、工商行政管理部门及有关部门申诉，必要时还可以向人民法院起诉。

（三）加强产品质量监督的措施

在目前国内企业社会责任意识不强、企业社会责任还未成为企业自我要求和自我行为准则、我国产品质量状况不容乐观的情况下，需要国家行政职能部门提供一种具有权威性、严肃性的强制质量监督。而这种强制性监督是其他形式所不具有的。在我国，这种行政性监督在生产领域的实施机构是各级政府质量技术监督部门。加强产品质量监督，实质上是强化各级质监部门的职责和权力，健全质监部门的内部机制。当前来讲，质监部门应重点做好以下工作。

①强化食品生产加工环节质量卫生监管，包括落实监督制度、健全标准体系、开展食品生产加工环节卫生监管等。

②落实特种设备安全监察责任，包括：健全特种设备动态监管体系；行政许可实现网上办理；实现各级质量监管部门实时交换数据、信息；完善专、兼职安全监察员网络，明确兼职监察员职责，加强培训，实行奖励制度；巩固简易电梯、气瓶、压力管道、厂内机动车等普查整治成果；严格实施特种设备行政许可；提高应对事故特别是重大事故的能力；推行特种设备安全监察责任制；等等。

③健全打假和执法长效机制，包括坚持专项打假、推进综合执法、完善预警制度、完善打假责任制等。

④发挥标准化在提高产品质量水平、规范社会管理方面的基础作用，包括：实施技术标准战略，提高自主创新能力水平；加大农业标准化工作力度，加快农业化进程；加大服务业标准化工作力度，推进服务业现代化进程；等等。

第四节　环境保护方面企业社会责任的完善

一、积极推广和实施 ISO 14000 系列标准

国际上建立较为统一的环境管理标准具有重要意义。在全球化不断扩大的今天，各国在经济、文化和环境等方面的交流越来越紧密频繁，如果各国实行差别过大的标准，将大大提高交流成本，减少各国在交流中得到的利益，甚至会产生摩擦、引起冲突。在图 5-1 中，纵轴表示环境管理标准实行的严格标准 h（高度），而横轴各条竖线之间的距离则表示各国标准的差异程度 d，两条竖线距离越大则标准差异越大。假设国家 1 在 L_1 的标准框架下实行环境管理，标准达到了 A 点的高度；国家 2 在 L_2 的标准框架下实行环境管理，标准达到了 B 点的高度，低于国家 1 的高度；国家 3 在 L_3 的标准框架下实行环境管理，标准达到了 C 点的高度，是三个国家中最低的高度，即对环境管理最松弛。国家 1 的标准框架处于国家 2 和国家 3 的框架中间。此时，如果国家之间需要进行环境方面或者涉及环境方面的交流，就需要就环境方面的差异进行协调。例如，在国际贸易方面就有这种情况，协调成本一方面依赖于环境管理的高低程度，另一方面依赖于环境管理的标准差异程度。国家 1 如果和国家 3 进行交流，协调成本与 AC 长度成正比，如果和国家 2 交流，协调成本和 AB 长度成正比；国家 2 如果和国家 3 交流，协调成本和 BC 长度成正比。这三个国家可以通过建立更加统一的环境管理标准框架来增强各国的协调程度，降低交流协调成本。因为国家 1 的标准处于中间，所以最有可能成为标准，而且该国的环境管理高度最高，能够引导其他国家向这方面努力。如果三个国家完全实行以国家 1 的标准为环境管理标准，那么三个国家之间的协调成本将大大降低。通过图 5-1，我们可以看出建立较为统一并且具有包容性、开放性的国际标准的好处。当然，各国难以做到标准完全一致，但减少差异是个可行的努力方向。

当前阶段，以环保为主题的绿色浪潮席卷全球。据联合国有关部门统计，带有绿色标志的产品日益获得消费者青睐，因此，更多的企业需获得 ISO 14000 认证以占领更大的市场。

我国政府同样对 ISO 14000 认证的工作非常重视，积极鼓励企业执行 ISO 14000系列标准，同时许多企业对 ISO 14000 系列标准产生了浓厚兴趣。目前我国有几百家企业已建立或正在建立 ISO 14000 环境管理体系，这些企业

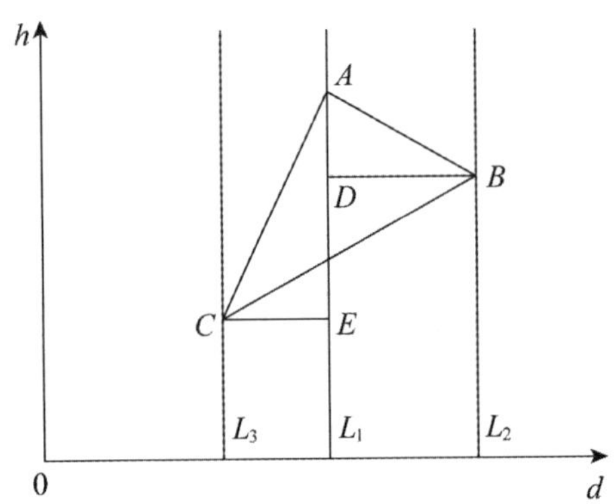

图 5-1 较为统一的环境管理标准的建立

的工业总产值之和超过了1 000亿元。获认证企业中不仅有跨国集团在华的投资企业，还有我国著名的大型企业和一些私营企业。除了一部分是迫于跨国公司总部要求实施 ISO 14000 认证的被动型企业外，更多的是属于主动实施的企业。这些企业非常注重产品的质量和企业的社会形象，它们接受 ISO 14000 系列标准，将 ISO 14000 标准认证作为提高企业竞争力的有效工具，并实现预期目的。

（一）实施 ISO 14000 标准的意义

实施 ISO 14000 标准，对企业承担环境保护社会责任具有十分重要的意义，具体体现在以下几方面。

1. 实施 ISO 14000 标准促使企业主动承担环境保护社会责任

实施 ISO 14000 标准，是环境管理观念的重大改革，也是标准国际化工作的重大突破。在企业内部建立环境管理体系，首先要求对企业全体员工进行系统的环境方面的培训并达到实质性的效果，即让员工在观念、思考过程和行为方式等方面有所改变。另外，企业需要知道面临的环境问题，并采取措施。这种将强制性和指导性相结合的环境保护管理方式，使企业由被动治理逐步转变为主动防治，在市场经济条件下强调商品的环境价值观，使企业承担环境保护社会责任由被动变为主动。更重要的是，广大的企业员工和管理者了解并重视环境保护工作，可以促使全民的环境保护意识逐步提高。

2. 实施 ISO 14000 标准是企业承担环境保护社会责任的重要标志

企业获得环境标准认证，虽然会使企业增加一定的成本，但是能够使得企业在生产过程中减少物耗能耗成本，并且使企业取得进入国际市场的基本条件。假设企业 1 现在在国内市场进行产品销售，市场对该企业的产品需求为 x_1，该产品的国内销售价格为 p_c，产品的生产成本是 c_n，则企业 1 取得的净利润 π_{1n} 为：

$$\pi_{1n}=(p_c-c_n)x_1>0 \tag{5-5}$$

另外一家企业 2 也在国内进行产品销售，尽管其生产成本与企业 1 相同，但该企业由于品牌等因素，销售量 x_2 小于企业 1 的销售量，面对的市场价格仍然相同，所以企业 2 的净利润为：

$$\pi_{2n}=(p_c-c_n)x_2>0 \tag{5-6}$$

假设企业的产品获得了环境标准认证，在国内的市场销售价格仍然不变，但是企业能够增加国内的销售量，并且能够开拓国际市场。如果该企业后来的国内销售量为 x，则国内销售的增加量为 ax，即原有市场越大新市场就越大，每单位产品的生产成本变为 c_s，通过环境标准认证一方面降低了物耗成本，另一方面提高了产品生产的严格程度，从而增加了成本，这里简单假定生产成本不变：

$$c_s=c_n \tag{5-7}$$

开拓的国际市场的大小，也与该企业原有的国内市场大小成比例，如果该企业原来的国内销售量为 x，则国际销售量为 mx，另外国际市场的销售价格为 p_f，大于国内的价格 p_c。无论是哪个企业要通过环境标准认证，都需要付出固定成本 F。企业 1 如果通过环境标准认证，获得的净利润为：

$$\pi_{1s}=(p_c-c_n)(1+a)x_1+(p_f-c_n)mx_1-F \tag{5-8}$$

只有 $\pi_{1s}>\pi_{1n}$，即

$$(p_c-c_n)a+(p_f-c_n)m>F/x_1 \tag{5-9}$$

企业 1 才有动力去获得环境标准认证。不难看出，国际市场价格 p_f 越高，国内和国际市场份额扩大的乘数 a 和 m 越大，原有的国内市场份额也就越大，这些都有利于企业争取获得环境标准认证。企业 2 如果通过环境标准认证，获得的净利润为：

$$\pi_{2s}=(p_c-c_n)(1+a)x_2+(p_f-c_n)mx_2-F \tag{5-10}$$

只有 $\pi_{2s}>\pi_{2n}$，即

$$(p_c-c_n)a+(p_f-c_n)m>F/x_2 \tag{5-11}$$

企业 2 才有动力去获得环境标准认证。可以看出，由于企业 2 原来的国内市场份额小于企业 1 的份额，在通过环境标准认证并且开拓国际市场方面也处于劣势。这就解释了为什么一般通过国际标准认证并且成功打入国际市场的产品都是大型名牌企业的产品。

3. 实行 ISO 14000 标准有利于推动全球企业社会责任运动

实施 ISO 14000 认证是国际贸易发展的需要，有利于消除贸易壁垒，促进

国际贸易的发展。在国际市场上，在绿色消费的压力下，有些国家规定，不得进口未获得环保认证的企业产品。同时，这些国家的企业由于害怕与没有承担环境保护责任的企业做生意而损害自己的形象，有可能终止与这些企业的往来，这样会严重阻碍国际贸易的发展。因此，要求供应商取得 ISO 14000 标准认证这一做法将成为政府和跨国公司采购时的基本要求。绿色壁垒将日益突显，ISO 14000 的认证是通向未来国际贸易市场的通行证。贸易自由化通过合理配置资源来提高资源的利用率，降低产业能耗，非绿色产品的国际竞争力越来越小，各国环保投资相应拉升。先期进入国际市场的企业，在为环保做出贡献的同时，也可为企业争得良好的经济效益。

（二）我国推行 ISO 14000 系列标准面临的问题

1. 企业环保意识差

要在企业内部推行 ISO 14000 环境管理系列标准，企业环境意识是基准条件。我国现代企业起步较晚而且是自负盈亏的经济实体，没有把环境保护与经济建设放在同等重要的位置，这就决定了很多企业的管理者主要通过产品创造经济效益，对环境保护的认识仅限于减少污染物产生，达到污染物排放标准及环境品质标准。企业仍处于政府强制和法规导向型的环保概念中，没有形成环境保护与企业发展相辅相成的经营理念。此外，企业全员参与力度不够，他们认为环境问题只是企业环保职能部门的管理工作。因此，在这样的企业建立 ISO 14000 环境管理体系实属不易。

2. 受财力、物力及技术水平制约

首先，取得环境管理体系认证需要大量资金。同取得管理体系认证需要的费用相比，取得环境管理体系认证的费用约是前者的三四倍。其次，环境管理体系的有效运作不仅仅依靠文件系统，还要求有坚实的物质技术基础，否则环境管理体系只是停留在文件化的形式上，不能产生真正的效用。最后，企业对 ISO 14000 系列标准及相关技术还缺乏了解，缺少清洁生产工艺的开发和研究，目前尚处于学习和探索阶段，缺乏实际动作。企业建立 ISO 14000 环境管理体系必须具有技术设备基础，如果企业没有物质基础，就必须投巨资添置所需设备、培训技术人员。所以，如果企业不具备足够的财力、物力及技术条件，就会制约企业建立 ISO 14000 环境管理体系。

（三）我国企业推行 ISO 14000 系列标准应采取的措施

针对企业目前存在的问题，要在企业内建立和实施 ISO 14000 标准，可从以下几个方面入手。

1. 提高企业和员工的环境意识

通过 ISO 14000 环境管理体系标准的学习和培训，激发全体员工的环境保护意识，培养绿色的组织文化，牢固树立预防、控制、审核的思想。其中，预防是环境管理体系核心；培训是环境管理体系的保障，目的是提高全体人员的环保意识和技能；审核是环境管理体系的执行，通过建立完善的内部审核，内容应能覆盖 ISO 14000 环境管理体系中的所有标准，以及要求认证的所有部门在企业进行连续有效的审核。企业通过不断地对员工进行环境保护基础知识的培训，让企业运营突破不重视环保建设的瓶颈，使全体员工环保意识不断增强，形成崇尚自然、保护环境、节能减排的价值理念。

2. 加大科技创新力度，实施清洁生产

实施清洁生产是企业追求节能减排，满足人们绿色需求，将环境保护延伸到整个生产过程的一种方法，它通过采用环境管理体系、生态设计、生命周期评价、环境标志、环境管理会计等工具，将环境保护渗透到生产、营销、财务和环保等各个领域，与生产技术、产品、服务等生命周期紧密结合。为此，政府应该应用并制定清洁生产标准，对不符合清洁生产标准的企业，可以采取经济、行政和法律手段，对相关单位和个人进行惩罚和引导。企业应该正视 ISO 14000 认证的长期回报：ISO 14000 认证可以给企业带来长期的利益和无形资产增值等回报，通过引入环保投资，强化技术改造资金的投入，组织好生产和科研攻关，淘汰技术工艺落后、资金消耗高、严重污染环境、产品品质低劣的生产设备，按 ISO 14000 标准要求在内部建立起立足于生态文明的现代科学技术管理体系和生产环境，通过其生产经营行为向社会展示自身所遵循的环境标准，提高企业信誉度和知名度，增强企业的市场竞争力。

3. 建立完善的环境管理机制

环境管理机制包含环境管理组织机构及环境管理制度。要按照 ISO 14000 系列标准的要求，在企业内部建立管理目标明确、管理层次清楚、管理职能分明的生态环境管理体系，加强企业生产环境工作管理，保证环境方针、目标和指标的实现。环境管理组织机构是建立和健全 ISO 14000 的组织保证。首先，企业在建立 ISO 14000 环境管理体系之初进行初始环境评审时就需要企业内环境管理组织的合作与支持。初始环境评审是企业明确环境管理现状的一种手段，是对企业的环境问题、环境因素、环境影响、环境行为及有关管理活动进行初始综合分析，以作为企业建立 ISO 14000 环境管理体系的基础。企业如果没有一定的环境管理组织机构，就很难进行初始环境评审，建立 ISO 14000 环境管理体系也就比较困难。其次，企业建立 ISO 14000 环境管理体系的其他工作都必须有一定的职能部门来承担，建立 ISO 14000 环境管理体系后，就更需要比较完善的职能部门来完成这一系统的环境管理工作。另外，环境管理体系是具体指导企业人员进行环境管理的可操作性规程。虽然企业建立 ISO 14000 环境管理体系后将有系统的环境管理的操作性文件，但这些文件的建立是以企业以往的环境管理制度为基础的。

二、建立保护环境的经济技术体系

（一）清洁生产体系

关于清洁生产的概念，国际上尚未做出统一的定义，各国在不同的发展阶段有不同的称谓，如“污染预防”（pollution prevention）、“废物量最小化”（waste minimization）、“清洁技术工艺”（clean technologies and crafts）、“源头控制”（source control）等。现在统一称为“清洁生产”。

清洁生产是一种积极、主动的管理态度，因而被认为是一种新的、持续的、创造性的思维。自清洁生产被提出以来，它迅速发展成为国际环保主流思想，被越来越多的国家认识并付诸实施。现在清洁生产已不再仅仅作为一种生产手段，而是作为一种新的环境战略、新的思维方式、新的观念为人们所接受，是人类走向现代文明的象征，也是人与自然和谐相处的标志。

我国政府部门非常重视清洁生产。目前，冶金行业、化工行业、汽车行业、轻工业行业、纺织行业、饮食行业等十多个行业协会和政府管理部门，纷纷制订了本行业的清洁生产行动计划。

清洁生产作为一种控制环境污染的企业生产方式，在我国得以迅速推广和发展，取得了一定的成绩。但与发达国家相比，我国仍显落后。这就要求我们采取必要的措施，积极推进清洁生产在我国的进一步实施和推广。

第一，改革排污收费制度。我国的排污收费制度对拓宽环境保护资金的来源、约束排污者行为起到了积极作用，但由于排污费远低于为达到标准排放治理所需要的边际费用，致使许多污染者宁愿交排污费甚至罚款而不愿投资建设处理装置。而且，目前的单因子收费方法无法限制企业从生产环节减少污染物产生量，从而无法鼓励企业实施清洁生产。

用 Q 来表示企业生产过程中的控污程度，如果 $Q=0$ 就表示企业在生产过程中完全不控污，只是到了污染产生后再缴纳污染费。假设无论哪个企业要开展控污，都需要首先支付工厂的固定成本（如图 5-2 所示），控污的可变成本随着控污规模的增大而上升，企业 1 的控污总成本曲线用 C_0 表示，企业 2 的控污总成本曲线用 C_1 表示。企业控污也有好处，就是受到了控制的那部分污染不再需要缴纳污染费（污染费是政府部门制定的，对所有企业都一样）。假设初始时企业因控污而节省污染费的总收益曲线为 R_0。对于企业 2 而言，由于控污成本曲线完全在收益曲线上方，企业 2 不会进行任何的控污，而是宁愿缴纳污染费。对于企业 1 而言，最优的控污程度为 Q_0。笔者想说明的是，政府如果加大污染费的征收强度和力度，即增加每单位污染所收取的污染费，企业将增强在生产过程中控污的积极性。假设现在企业因控污而节省污染费的总收益曲线上升为 R_1，此时企业 1 的最优控污程度上升为 Q_1，而企业 2 控污也变成一件好事，最优控污程度为 Q_2，大大高于原来的 0 控污。因此，提高现行排污收费标准可以促使排污单位积极治理污染。

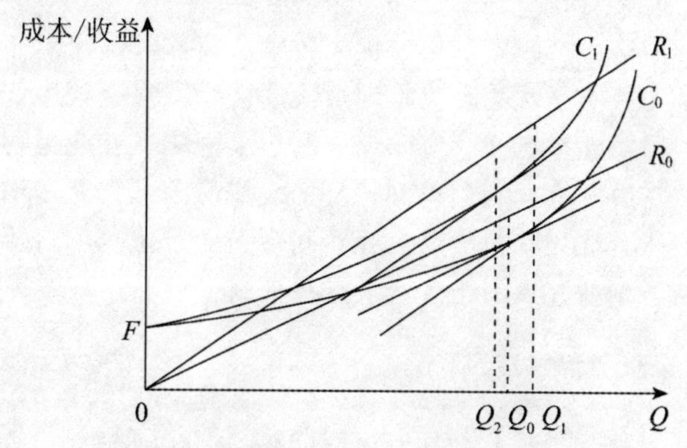

图 5-2　提高排污收费可促使企业控污

第二，建立和实施税收差异或优惠政策。从国外推行清洁生产的成功经验看，税收优惠是一项有效的政策。政府加强对企业保护环境的政策和行动支持，能够增强企业保护环境的积极性。

假设企业不特别开展环境保护管理时的市场销售量为 x_L，面对的市场价格为 p_L，每单位产品的生产成本为 c_L，企业面对的税率为 t_H，则企业的净利润为：

$$\pi_0 = x_L\ (p_L - c_L)\ (1 - t_H),\ \pi_0 > 0 \tag{5-12}$$

如果企业为减少企业产生的污染而努力，譬如采用清洁生产技术、获取环境管理标志等措施，首先需要支付固定的成本 F，这部分固定成本主要用来采购和安装相关的清洁生产设备，此外每单位的生产成本会从原来的 c_L 上升到 c_H。这样做的益处有以下几个方面。首先，企业产品的清洁程度提高，能够增强消费者的好感，所以企业面对的市场价格上升为 p_H；产品的清洁程度提高，同样能够增大市场销售量并且政府和其他企业也会优先购买，所以销售量上升为 x_H；其次，企业可以享受税收税率上的优惠，税率下降到 t_L；最后，在清洁生产设备采购上也能够享受优惠，成本下降到 f_F，其中 $0<f<1$。则企业采取环境保护措施后的利润为：

$$\pi_1 = (p_H x_H - c_H x_H - f_F)(1 - t_L) \tag{5-13}$$

当 $\pi_1>0$ 且 $\pi_1>\pi_0$ 时，企业会积极保护环境，即需要满足：

$$\frac{1-t_L}{1-t_H} > \frac{x_L(p_L - c_L)}{x_H\left(p_H - c_H - \frac{f_F}{x_H}\right)} \tag{5-14}$$

可以看到，当政府从多方面给予企业更多的支持和鼓励时，企业越容易满足这一条件，税率优惠越大，优先购买数量越大，定价自由度越大，采购优惠越大，都使得企业越有积极性改进环境保护管理。

第三，实行清洁生产投资和信贷优先政策。目前，国家对于企业推行清洁生产需要的资金能否给予优惠是决定现阶段清洁生产在企业中能否顺利推行的关键因素之一。国家在推行“三废”综合利用上规定，专业银行必须提供长期贷款政策，使“三废”综合利用得到长足的发展。因此，对清洁生产中确需要硬件投资者，应使其优先获得贷款，并在利率上给予优惠；对排污费的低息贷款应优先集中给予企业开展清洁生产全过程控制。

（二）资源综合利用体系

资源综合利用是我国经济和社会发展的长远战略方针，是保证资源永续利用的现实需要和必然选择，是废物资源化、防治污染、改善环境、促进可持续发展的重要措施。

以往我国的资源综合利用方面在国家的倡导和政策鼓励下取得了很大成就，在改善资源紧缺状况、提高企业经济效益等方面取得了突出成绩，但与国际先进水平相比仍有不小差距，主要表现为资源消耗高、利用率低，矿产资源总回采率较低，单位国民生产总值所消耗的矿物原料较多，废弃物综合利用和无害化处理程度低等。随着全球可持续发展战略的实施和环境保护目标的确立，以及我国社会主义市场经济体制的建立，资源的综合利用成为经济与环境协调发展的必由之路，这既是挑战，也是机遇。我们在坚持“因地制宜、鼓励利用、多种途径、讲求实效、重点突破、逐步推广”方针的同时，必须从整体上推进资源的综合利用。

一是增强资源意识。可再生资源增长的有限性、不可再生资源的耗竭性与需求的无限性的矛盾决定了我们必须走珍惜资源、节约资源、保护资源和永续利用资源的可持续发展之路，将搞好再生资源的综合利用作为经济和社会可持续发展的战略措施。再生资源已成为工农业生产资料的重要来源。在一些发达国家，很多重要工业部门的生产原料主要来源于再生资源。资源的综合利用是经济社会发展必须遵循的一条重要原则，是世界经济发展到今天的一种必然选择。

二是增强环境意识。环境容量的有限性、环境污染对经济社会发展的严重制约性已不允许我们以牺牲环境为代价来换取一时的经济发展和社会进步。环境本身就是一种宝贵资源，牺牲环境实际上就是牺牲我们生存与发展所需要的宝贵资源和基本条件。浪费资源必然导致环境污染，而搞好再生资源的综合利用是防止环境污染、维护生态平衡的重要措施。据测算，每回收 1 吨废旧物资，相当于减少了 4 吨垃圾的处理量。农膜的使用是农作物获得增产的一项重要措施，但如对废旧农膜不加以回收，残留在地里，有的上百年也不能分解，就会破坏土壤结构，引起土壤板结。因此，大力开发利用再生资源，可以化害为利，改善环境。

三是增强统一意识。在传统观念上，我们对于经济发展与保护环境从对立的方面看得较多，而从统一方面看得太少。世界上许多环境保护工作相当出色的国家，同时也是经济发达国家，具有严重污染行业的城市同时又是一个“花园式的城市”，“变废为宝”“变害为宝”收到了经济与环境的双重效益。这些都表明，经济发展与环境保护可以有效地统一起来。奥地利处理垃圾的方法就是一个具有借鉴意义的具体实例。奥地利把垃圾治理提升到垃圾经济学的理论高度，以科学的思想和理论为指导，研究垃圾处理的经济科学和社会科学，逐步形成了目前的综合处理垃圾的程序和办法。将有用的废品分类回收；将生物垃圾焚烧并经处理后填埋；在垃圾焚烧时回收利用热能发电和供暖，做到经济效益与环境效益的有机统一，使奥地利这个“音乐之邦”更具魅力。

四是增强机制意识。从根本上来说，资源综合利用关键在于建立一个有效的机制，从资源价格以及政策、法律和管理等方面建立一个有效的机制，是改革的一大重要目标与任务，是资源综合利用落到实处的治本之策。

五是增强绿色意识。要想对资源真正做到物尽其用，就要从根本上增强人们的绿色意识。在这股汹涌的世界绿色大潮面前，企业应未雨绸缪，增强绿色意识，重视产品的绿色设计。这既是出于资源综合利用的考虑，更是出于企业生存与持续发展的需要，无论是国家、企业还是消费者都将长期受益。

（三）配套技术体系

清洁生产技术、资源综合利用技术等保护环境的科学技术具有综合性、先进性、实用性的特征。要实现环境保护科学技术的配套发展，必须重点开发无污染技术、绿色技术等。

在工农业生产和环保设备生产中，要立足于无污染技术的研究开发与应用，以防止产生大规模污染。在现代科技发展中，应高度重视绿色技术的开发与应用。所谓绿色技术，就是指根据环境价值标准而利用现代科技全部潜力的技术，这是一个保护环境的综合型新技术体系，是现代科技发展的重要取向。

假设开发一项新的环保技术需要成本 C，该技术开发成功后可以为全社会所采用，由于开发成本巨大，任何企业都不可能单独完成研发。该技术能够给社会上的每个企业带来收益 π_p，无论企业是否为开发支付了成本，即该技术具有外溢性和非排他性。此外，该技术能够给除企业外的全社会带来收益 π_s，假设社会上企业数目为 n。在理想状态下，只要

$$\pi_s + n\pi_p > C \tag{5-15}$$

该技术就会得到开发。不难看出，企业数目越大，该条件越容易成立，这暗示一个大经济体在这方面具有优势。由于单个企业无法完成研发，如果企业需要开发，就必须通过合作来完成。假设合作的协调成本为 $k(n)$，$k'(n)>0$。当

$$n\pi_p > C + k(n) \tag{5-16}$$

企业会进行合作来开发新技术，企业决策并不考虑对社会的影响。企业合作研发，最优的企业参与数目并不一定等于社会上的全部企业数目，这依赖于 $k(n)$的二阶导数性质。单个企业的目标是最大化 $\pi_p - \frac{C}{n} - \frac{k(n)}{n}$，一种情况是最优的合作研发企业数目小于全部企业数目 n，此时由于不参与研发合作的企业同样能够在技术开发成功后采用该技术，所以最后每个企业都有搭便车的动机，导致合作研发失败。一种情况是 $k(n)$ 是关于 n 的线性函数，此时参与合作的企业数目越大越好，即全部企业参与研发最好，但是此时同样存在搭便车问题，研发往往会告吹。最后的策略是政府进行研发。政府如果要进行研发，需要从企业处收取税收用于支付开发成本，假设对每个企业进行收税引发成本 j，$j<k$，当

$$\pi_s + n\pi_p > C + nj \tag{5-17}$$

政府会着手进行新技术开发，当全部成本由企业通过税收支付时，每个企业的收益为 π_p，成本为 $\frac{C}{n} + j$ 。当

$$\pi_s + n\pi_p > C + nj \tag{5-18}$$

即使

$$\frac{C}{n} + j > \pi_p \tag{5-19}$$

政府仍会通过它的强制力量收取税收开发新技术，最大化社会福利。所以，对于一些具有弱排他性和全社会受益性质并且开发成本巨大的技术，政府可以主

动进行开发。

正如未来学家罗伯特·奥尔森（Robert Orson）所指出的，现在人们认为的科学技术，到50年后或许就成为博物馆里的“古董”了，而绿色技术将充满生机。因此，瞄准目标、立足开发、适当引进、消化提高、重点突破、坚持配套、发展产业、优化体系、逐步普及，是环境保护科学技术发展的方向与可能选择。

三、完善环境保护法律法规，加大环境执法力度

完善法律法规，加大执法力度就是对违反环境保护法律法规的行为施加制度化的惩罚。康德（Immanuel Kant）阐述了一个抵偿理论，他认为惩罚既不应该是为了促进罪犯的利益，也不应该是为了促进社会的利益，既然犯罪阻碍了自由（康德标准），它应该遵循罪行本身的特性而定。黑格尔（G. W. F. Hegel）也赞成康德的观点，他认为“否定之否定”能够“消除”犯罪。这样的对等过程带有同态复仇的特征。在契约里经常用到对等的措施，比如，如果一方发生交货延迟或施工延误，另一方就按规定递减付款金额（惩罚）。尤因（A. C. Ewing）虽然赞成康德关于要首先确定谁应当受到惩罚的观点，但并不赞成康德和黑格尔对错误行为实行形而上学的对等惩罚的观点，因为错误行为是永远不可能“消除”的。贝道（Bedau）也指出，在某些情况下，同态复仇是毫无意义的。威慑的理论基础是由伯卡利亚（Beccaria）提出来的，他认为惩罚的唯一目的是防止罪犯再度犯罪，并通过施以适当的惩罚对其他人产生威慑作用。因此，我们当前完善法律法规、加大环境执法力度的目标应该明确而具体，既要对违反环境保护法律法规的企业经营行为予以严厉的打击，使非法行为得到应有的惩罚，同时也要对其他企业有明显的威慑作用，引导企业走遵纪守法的经营道路。

（一）现行环境管理制度为环境保护打下了良好基础

20世纪90年代以来，为适应民主法制建设和环境保护的要求，我国大大加强了环境保护法制建设，先后制定了《中华人民共和国水土保持法》《中华人民共和国固体废物污染环境防治法》《中华人民共和国环境噪声污染防治法》《中华人民共和国节约能源法》《中华人民共和国防震减灾法》等。在这些法律中，对于可持续发展、清洁生产、资源综合作用、生态环境保护等方面的政策要求以法律形式加以肯定。另外，我国还建立了环境影响评价、城市环境质量整治定量考核、领导环境目标责任制、淘汰落后技术等管理制度，以适应越来越高的环境要求，使各个企业在各种经营活动中越来越重视环境问题。这些均

为企业环境管理体系的建立打下了良好的基础。

（二）进一步完善环境立法，加强环境执法

当前，我国在完善环境保护法律法规的过程中，应在原有法律法规体系的基础上，把重点放在填补立法空白上，进一步完善整个法律体系。当前应加大如下方面的立法工作：制定和实施环保产业法律法规；制定与ISO 14000系列标准相配套的且适合我国国情的环境标志法律法规。而且，在针对企业环境问题的法律规范中，应将具体的法律规范分为四个层次。

1. 禁止性规范

主要对那些工艺已过时或被淘汰、环境污染严重、资源浪费的生产企业和行业在法律规范中明确予以禁止。

2. 倡导性规范

对于一些在实践中已经被证明具有高效、节能、降耗等特征的生产工艺，由于其先进性尚未被认识，或者因为企业政策等原因而未能被及时采用，应该通过法律倡导的方式，提倡采用并制订相应的推广措施。

3. 鼓励性规范

对那些能带来明显经济效益和环境效益的生产技术，制定鼓励性规范，如奖励、优先贷款、优先审批扩大生产等，尤其是对那些采用工业生态学或循环经济原理的工艺技术应给予特殊的鼓励。

4. 强制性规范

对那些技术落后、污染严重、效益低下的生产工艺和设备，应明确予以强制性淘汰或改造。由于我国目前市场还不能对企业的行为形成足够的压力，国家在运用刺激性、鼓励性措施引导企业进行有利于环境的生产经营活动时，也必须同时加强法律的强制性。❶

总之，在立法方面除了填补空白以外，在具体的法律规范上还需要予以明确的规定，使企业能通过这些法律规范明确哪些是法律所提倡的，哪些是法律所禁止的，哪些是法律所鼓励的，哪些是法律所反对的，从而建立一个符合法律规范的行为准则。同时也要提高我国环境政策法律的透明度，及时、全面地公布相关法律法规，使环境管理建立在较为完善的法律法规基础上。

完善的环境法律体系仅仅是为资源的永续利用提供了依法的前提与现实基础。只有将各项环境政策、法规落实到经济社会生产、生活中，才能有效地贯

---

❶ 徐祖信，黄震．完善我国环保法律的现实思考与建议［J］．环境保护，2006（4）：27-29，39.

彻执行，从而使人们的生产、生活行为符合可持续发展的要求，切实维护人们的环境权益，促进环境质量的改善。而法律法规、政策及制度的落实和实施，主要取决于执法力度的大小，这点正是我国所缺少的。

就当前而言，应特别强调两点。一是要切实强化政府的执法职能。各级政府及有关部门是环境执法的主体。在环境保护日益受到重视、环境法制日益健全的今天，却有某些环境管理职能部门职权有限，难以担负起相应的管理职能。更有甚者，有些部门对破坏资源环境的行为姑息放任，打击处罚不力。因此，要想使环境保护工作进展顺利，关键是要强化政府及有关职能部门的执法力度，对任何违反环境保护政策与践踏国家法律的行为，都应予以严惩，对以身试法者予以痛击。同时应加强执法队伍的自身建设，提高执法队伍本身的环境意识与职业素养，提高政府及职能部门的执法水平与能力。二是要进一步完善环境执法的监督机制。各级人大应加大检查力度，督促政府及有关部门执法的工作，确保各项环保法律、政策、方案的实施及各种违法行为的查处，使各项法律法规落到实处。此外，必须充分发挥新闻媒体、社会团体、妇女组织、青年组织的监督与参与作用，使保护环境做到外在的刚性约束与内在的自省自律相结合。

参考文献

[1] 刘力纬. 企业社会责任研究——不同所有制劳动密集型企业的调查 [M]. 北京：中国言实出版社，2013.

[2] 沈洪涛，沈艺峰. 公司社会责任思想起源与演变 [M]. 上海：上海人民出版社，2007.

[3] 卢代富. 企业社会责任的经济学与法学分析 [M]. 北京：法律出版社，2002.

[4] 李立清，李燕凌. 企业社会责任研究 [M]. 北京：人民出版社，2005.

[5] 曹凤月. 企业道德责任论——企业与利益关系者的和谐与共生 [M]. 北京：社会科学文献出版社，2006.

[6] 李双龙. 试析企业社会责任的影响因素 [J]. 经济体制改革，2005 (4)：67-70.

[7] 杜中臣. 企业的社会责任及其实现方式 [J]. 中国人民大学学报，2005 (4)：39-46.

[8] 黎友焕. 中国企业社会责任研究 [M]. 广州：中山大学出版社，2015.

[9] 赵连荣. 我国企业社会责任的演变与趋势 [J]. 企业改革与管理，2005 (2)：7-8.

[10] 张明霞，李云鹏. 企业社会责任会计信息披露问题研究 [J]. 经济研究导刊，2011 (20)：135-136.

[11] 张圣兵. 企业承担社会责任的性质和原因 [J]. 经济学家，2013 (3)：49-52.

[12] 田田，李传峰. 论利益相关者理论在企业社会责任研究中的作用 [J]. 江淮论坛，2005 (1)：17-23.

[13] 刘爱玉. 社会学视野下的企业社会责任：企业社会责任与劳动关系研究 [M]. 北京：北京大学出版社，2013.

[14] 李新颖. 试析政府在企业社会责任建设中的作用 [J]. 人民论坛，2013 (29)：56-57.

[15] 陈宏辉，贾生华. 企业社会责任观的演进与发展：基于综合性社会契约的理解 [J]. 中国工业经济，2013 (12)：85-92.

[16] 王玲. 经济法语境下的企业社会责任研究 [M]. 北京：中国检察出版社，2008.

[17] 杨瑞龙，周业安. 企业的利益相关者理论及其应用 [M]. 北京：经济科学出版社，2000.

[18] 宁凌. 企业社会责任的经济、社会学分析及我国企业的社会责任 [J]. 南方经济，2000 (6)：20-23.

[19] 熊俊. 企业社会责任观的法理分析——一种经济法视角考察 [J]. 武汉工程职业技术学院学报，2005 (2)：44-46.

[20] 樊晶晶. 经济法视野下企业社会责任研究 [D]. 兰州：兰州商学院，2011.

[21] 周勇. 论责任、企业责任与企业社会责任 [J]. 武汉科技大学学报 (社会科学版)，2003 (4)：29-33.

[22] 熊元斌，张丽华. 论企业社会责任及其道德调控 [J]. 中州学刊，2000 (5)：30-32.

[23] 王大超，张丽莉. 中国企业社会责任现状与提升措施 [J]. 北方论丛，2005 (2)：142-144.

[24] 于新循. 我国企业社会责任及其立法初探 [J]. 贵州大学学报 (社会科学版)，2001 (3)：39-44，49.

[25] 呙晶晶. 企业社会责任的经济法解读 [D]. 武汉：华中师范大学，2009.

[26] 付强. 消费者知情权受侵害的成因分析与法律保护 [J]. 消费导刊，2010 (4)：123.

[27] 刘淑华. 论我国消费者权益保护法的完善 [J]. 中国经贸导刊，2010 (9)：86.

[28] 黎建飞. 劳动合同法热点、难点、疑点问题全解 [M]. 北京：中国法制出版社，2007.

[29] 赵明辉. 经济法视野下的企业社会责任 [J]. 湖北经济学院学报 (人文社会科学版)，2007 (6)：113-114.

[30] 时燕君. 企业环境社会责任的经济法制度支撑 [J]. 当代经济，2009 (16)：42-43.

[31] 刘丹. 利益相关者与公司治理法律制度研究 [M]. 北京：中国人民公安大学出版社，2005.

[32] 匡海波. 企业社会责任 [M]. 北京：清华大学出版社，2010.

[33] 范满泓，姜继英. 企业社会责任论 [J]. 决策探索，1996（10）：38-39.
[34] 王保树，邱本. 经济法与社会公共性论纲 [J]. 法律科学，2000（3）：62-74.
[35] 徐强胜. 论经济法的政策性 [J]. 经济经纬，2005（6）：154-156.
[36] 赵晓洁，崔晨秋. 论经济法的社会性 [J]. 消费导刊，2008（11）：148.
[37] 孙晓红. 适当干预论及其基础——经济法的本质论 [J]. 经济师，2002（10）：77-78.
[38] 常凯. 经济全球化与企业社会责任运动 [J]. 中国劳动关系学院学报，2003，17（4）：1-5.
[39] 刘长喜. 利益相关者、社会契约与企业社会责任 [D]. 上海：复旦大学，2005.
[40] 李孟. 浅议企业社会责任 [J]. 商业文化，2016（8）：9-16.
[41] 颜少军. 沈北新区农电局劳动关系层面企业社会责任研究 [D]. 沈阳：东北大学，2008.
[42] 李宝平. 企业社会责任及其实施机制研究 [D]. 成都：西南财经大学，2010.
[43] 王丹. 政府推进企业社会责任机制研究 [D]. 上海：华东政法大学，2009.
[44] 吴芳芳. 国有中资企业在海外经营中的社会责任问题研究 [D]. 北京：北京大学，2013.
[45] 马如仁. 仁爱集团履行企业社会责任研究 [D]. 天津：天津大学，2006.
[46] 夏汉军. 旅行社社会责任的对象、内容及认知研究 [D]. 长沙：湖南师范大学，2009.
[47] 王环. 企业社会责任管理体系研究 [D]. 北京：北方工业大学，2013.
[48] 王玲. 论企业社会责任的涵义、性质、特征和内容 [J]. 法学专论，2006（1）：136-142.
[49] 毕琳. 论企业的食品安全社会责任 [D]. 武汉：华中师范大学，2012.
[50] 施佳. 企业社会责任与企业绩效的相关性实证研究 [D]. 上海：同济大学，2008.
[51] 王飞鹏，曹秀华. 谈企业社会责任运动 [J]. 山东工商学院学报，2004（6）：76-79.
[52] 刘继峰，吕家毅. 企业社会责任内涵的扩展与协调 [J]. 法学评论，2004（5）：143-147.
[53] 马博，辛春林. 企业社会责任内涵的发展——企业社会责任起源与发展之二 [J]. 化工管理，2012（4）：83-84.

[54] 陈法君. 经济法视野下的企业社会责任研究 [D]. 天津：天津财经大学，2010.

[55] 刘倩. 企业（公司）社会责任的法律思考 [D]. 上海：复旦大学，2011.

[56] 李吉翠. 关于公司社会责任的法学思考 [D]. 苏州：苏州大学，2006.

[57] 邓冬梅. 我国医药企业社会责任与企业绩效关系探析 [D]. 广州：暨南大学，2004.

[58] 杨翔. 公司社会责任研究 [D]. 北京：中央民族大学，2010.

[59] 张爱丽. 基于道德资本的企业社会责任研究 [D]. 长沙：中南大学，2009.

[60] 朱思. 现今时代条件下企业的社会责任 [J]. 经营管理者，2011（12X）：220-221.

[61] 葛现琴. 论公司社会责任的性质与理论基础 [J]. 河南司法警官职业学院学报，2007（4）：43-46.

[62] 胡元聪. 外部性视野下企业社会责任的经济法分析 [J]. 甘肃理论学刊，2008（4）：103-108.

[63] 何文君. 企业社会责任履行效果的分析与评价 [D]. 北京：首都经济贸易大学，2013.

[64] 纪建悦，李坤. 利益相关者关系与商业银行经营绩效的相关性 [J]. 金融论坛，2010（10）：28-35.

[65] 王传雄. 贯彻落实十八大精神 构建企业社会责任体系 [J]. 中国工会财会，2013（5）：9-11.

[66] 曲丽娟. 试论我国企业社会责任制度的构建 [J]. 前沿，2010（20）：75-77.

[67] 王曼. 中国企业社会责任理论与系统研究 [D]. 天津：天津大学，2008.

[68] 张亚洲. 基于卡罗尔模型的中国企业社会责任状态研究 [D]. 北京：北京交通大学，2014.

[69] 陈支武. 企业社会责任思想与相关利益者理论研究 [J]. 企业经济，2008（4）：9-13.

[70] 徐斌. 论政府在企业社会责任中的作用 [D]. 武汉：武汉科技大学，2010.

[71] 毋蒙. 我国上市公司企业社会责任信息披露及其影响因素研究 [D]. 南京：南京财经大学，2010.

[72] 骆建艳. 企业社会责任的费用效益研究 [D]. 杭州：浙江大学，2005.

[73] 贾生华，陈宏辉，田传浩. 基于利益相关者理论的企业绩效评价——一个分析框架和应用研究 [J]. 科研管理，2003（4）：94-101.

[74] 王靓. 利益相关者角度的企业社会责任与企业绩效关系研究 [D]. 杭州：

浙江大学，2005.
[75] 陈宏辉，贾生华. 企业社会责任观的演进与发展：基于综合性社会契约的理解 [J]. 中国工业经济，2003 (12)：85-92.
[76] 孙伟. 上市公司利益相关者财务治理研究 [D]. 哈尔滨：哈尔滨工业大学，2008.
[77] 皮菊云. 中美两国企业社会责任对比研究 [D]. 长沙：湖南农业大学，2005.
[78] 刘丹. 利益相关者与公司治理法律制度研究 [D]. 北京：中国政法大学，2003.
[79] 邓汉慧. 企业核心利益相关者利益要求与利益取向研究 [D]. 武汉：华中科技大学，2005.
[80] 张月峰. 基于利益相关者的公司共同治理机制研究 [D]. 邯郸：河北工程大学，2007.
[81] 张坤. 企业社会责任视角下的员工权益保障实证研究 [D]. 长沙：中南大学，2008.
[82] 吉海涛. 资源型企业生态责任的利益相关者协同作用分析 [J]. 南京理工大学学报（社会科学版），2009 (1)：97-100.
[83] 颜爱民，孙益延，谢菊兰，等. 企业社会责任与组织公平感的关系研究述评 [J]. 管理学报，2020 (4)：623-632.
[84] 朱文忠，尚亚博. 我国平台企业社会责任及其治理研究——基于文献分析视角 [J]. 管理评论，2020，32 (6)：175-183.
[85] 丁焰，金永生. 基于价值创造过程视角的企业社会责任与创新 [J]. 甘肃社会科学，2020 (3)：200-207.
[86] 张志鑫. 企业社会责任归因对员工创新行为影响机理研究 [J]. 中央财经大学学报，2021 (11)：108-116.
[87] 阳镇，陈劲. 互联网平台型企业社会责任创新及其治理：一个文献综述 [J]. 科学学与科学技术管理，2021，42 (10)：34-55.
[88] 郑培，李亦修，何延焕. 企业社会责任对财务绩效影响研究——基于中国上市公司的经验证据 [J]. 财经理论与实践，2020，41 (6)：64-71.
[89] 李江，蒋玉石，王烨娣，等. 企业社会责任对消费者品牌评价的影响机制研究 [J]. 软科学，2020，34 (8)：19-24.
[90] 刘斌，谭书琪. 企业社会责任对组织韧性创新的影响——基于中国制造业上市公司的多维实证分析 [J]. 企业经济，2022，41 (1)：113-121.
[91] 王倩，吴多文，陈倩玉. 企业社会责任与杠杆调整速度——基于中国上市公司的实证分析 [J]. 金融论坛，2019 (8)：67-80.

后记

企业是社会的有机组成部分，是市场经济的主体，是国民经济的细胞，企业的和谐是整个社会和谐的基础。作为企业，不仅要关注企业的经济效益，更应该关注其社会效益，这就要求企业对自然、人类、社会协调发展做出贡献，促进社会整体的和谐发展。“企业社会责任”是在一系列社会问题日趋严重的背景下发展起来的。目前国际上普遍认同的社会责任理念是：企业在创造利润、对股东利益负责的同时，还要承担对员工、对环境、对社会的社会责任。

企业社会责任是一个涉及法学、经济学、管理学、伦理学等众多学科的课题，也是一个实践中非常复杂、理论上尚存争议的问题。我国在计划经济时代，将企业视为单纯执行国家经济计划和实现社会福利的机构，虽然理论上没有企业社会责任的概念，事实上企业却承担着较多的社会责任，制约了企业的经济活力。改革开放以后，随着经济体制改革的深化，企业成为自主经营生产单位，企业以及股东的利益受到充分的尊重。然而，在完成这一转变后，企业究竟还要不要承担社会责任的问题却长期被学术界忽略，法学界也少有对企业社会责任问题专门和系统的研究、探讨。可以说，在国内，企业社会责任真正引起学术界的关注只是近些年来的事。

目前，国内学界对企业社会责任已有的研究成果推动了企业社会责任理论的发展，但在企业社会责任研究过程中，对于企业社会责任的法律规制问题，仍是理论界的新课题。对于如何从法律角度特别是经济法角度完善企业社会责任，本书只做了初步的论述。

鉴于国内外对企业社会责任问题的研究还有待于深化，资料和文献较为缺乏，再加上笔者理论水平的不足和研究能力的限制，本书还存在许多缺陷，希望读者批评指正，笔者当尽力完善。同时，本书在写作过程中借鉴了大量相关学者的著作和研究成果，在此对他们表示诚挚的谢意！

魏平娟
2022 年 2 月